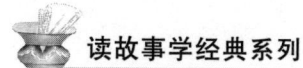 读故事学经典系列

读故事 学古诗名句

【涵盖教育部推荐背诵篇目】

邵勋潜 编著

花山文艺出版社

图书在版编目(CIP)数据

读故事学古诗名句/邵勋潜著. -- 石家庄：花山文艺出版社, 2006(2021.8重印)

("读·品·悟"读故事学经典系列)

ISBN 978-7-80673-871-9

Ⅰ.①读… Ⅱ.①邵… Ⅲ.①古典诗歌 – 中国 – 青少年读物 Ⅳ.①I222

中国版本图书馆 CIP 数据核字(2006)第 091473 号

丛 书 名：	读故事学经典系列
书 名：	**读故事学古诗名句**
编 著 者：	邵勋潜
策 划：	张采鑫
责任编辑：	于怀新
责任校对：	贾 伟
特约编辑：	李文生
装帧设计：	红十月工作室
出版发行：	花山文艺出版社（邮政编码：050061）
	（河北省石家庄市友谊北大街 330 号）
销售热线：	0311-88643221
传 真：	0311-88643234
印 刷：	永清县晔盛亚胶印有限公司
经 销：	新华书店
开 本：	720×980 1/16
字 数：	220 千字
印 张：	13
版 次：	2006 年 8 月第 1 版
	2021 年 8 月第 2 次印刷
书 号：	ISBN 978-7-80673-871-9
定 价：	39.90 元

（版权所有　翻印必究·印装有误　负责调换）

前　言

　　中国的古诗是中华民族精神文化宝库中的珍贵遗产；而古诗名句，则是古诗中的精华。这些名句一是蕴含着深刻的人生哲理。不少名句是作者在饱经沧桑和坎坷之后对人生社会的深刻认识，又经过千锤百炼的艺术加工，今天读来仍然可以帮助我们更好地认识、理解和把握人生社会。二是有很强的艺术感染力。这些名句，有的读之令人胸襟洒脱，壮怀激烈，热血奔腾；有的如小桥流水，清风明月，读之令人赏心悦目，心旷神怡；也有的缠绵悱恻，感情深挚，读之令人感慨震撼，刻骨铭心。三是具有强大的生命力。千百年来，尽管物换星移，沧海桑田，人类社会发生了巨大变化，但这些名句仍能传诵至今，足以证明它们是中华文学宝库中的璀璨明珠。

　　常言道：腹有诗书气自华。经典古诗名句是每个中国人所必备的。然而，由于语言、时代的隔膜，今天的大多数中学生对传统中国文学的精萃缺乏应有的了解，在日常写作时难免会感到语言乏味、词不敷用。这与同学们对祖国古典名著读得不多、对古诗名句背得更少有关。然而，古典名著浩如烟海，汗牛充栋，完全诵读显然是不现实的。

　　为了能够帮助中学生增长知识，提高文学素养和写作能力，我们精选了100句最为脍炙人口的古诗名句，涵盖教育部推荐的背诵篇目，用轻松新颖的形式，帮助同学们更好地理解古诗经典，编著了这本《读故事　学古诗名句》。

　　本书在体例上分为八部分：

　　一是"名句和注音"。书中的每一名句都有注音。由于对名句中的个别词语有不同的理解，我们择善而从，尽量按照通常的理解来注音。

　　二是"出典"。每一名句都标明作者和篇目。

　　三是"注释"。名句中有深奥、不易理解的词语，均有恰当的释义。

　　四是"译文"。每一名句都有白话译文，易于读者理解其义。

五是"原作"。每一名句出于哪一首古诗,均有原作附录其后。

六是"作者小传"。书中在每位作者第一次出现时都作了简要介绍,以后标明页码,便于查找了解。

七是"故事"。书中的这些故事,一般是关于某一名句出典的故事,或许是关于某一诗人的故事,或许是关于名句内容的常识。读了这些故事,可以了解更多的相关知识,并进而更好地理解背诵这些名句。

八是"赏析"。每一名句好在哪里,如何欣赏,都可以从中找到答案。

值得一提的是,本书所选收的古诗名句,其年代从两千多年前的《诗经》,一直到鸦片战争前夕,但没有包括唐诗和宋词。由于唐诗和宋词的成就特别辉煌,我们已另外专门编著了《读故事 学唐诗名句》和《读故事 学宋词名句》同时推出。

江山代有才人出,名句还要代代传。可以毫不夸张地说,同学们若能将这些字字珠玑、句句经典的古诗名句诵记下来,将受益终生;对许多成年人来说,这也是应补的一课。

最后,我希望通过这本书,能够对中学生和广大的古诗爱好者有所帮助,使古诗经典名句成为他们成长、成才的良师益友。

由于本人水平有限,本书的体例和内容难免未能尽如人意,殷切希望广大读者批评指正,以便进一步修改和提高。

邵勋潜

目 录

前言 ·· (1)

B

1. 白骨露于野,千里无鸡鸣 ·· (1)
2. 遍身罗绮者,不是养蚕人 ·· (3)
3. 不畏浮云遮望眼,自缘身在最高层 ································· (5)
4. 不要人夸好颜色,只留清气满乾坤 ································· (7)
5. 不识庐山真面目,只缘身在此山中 ································· (9)
6. 爆竹声中一岁除,春风送暖入屠苏 ······························· (11)
7. 本是同根生,相煎何太急 ·· (13)

C

8. 采菊东篱下,悠然见南山 ·· (16)
9. 晨兴理荒秽,带月荷锄归 ·· (18)
10. 草长莺飞二月天,拂堤杨柳醉春烟 ····························· (19)
11. 《出师》一表真名世,千载谁堪伯仲间 ····························· (21)
12. 池塘生春草,园柳变鸣禽 ·· (23)
13. 吹面不寒杨柳风 ·· (25)
14. 赤日炎炎似火烧,野田禾稻半枯焦 ····························· (27)
15. 寸指不沾泥,鳞鳞居大厦 ·· (28)
16. 春色满园关不住,一枝红杏出墙来 ····························· (31)

· 1 ·

17. 春风又绿江南岸,明月何时照我还 ……………………………… (32)

D

18. 大风起兮云飞扬,威加海内兮归故乡 …………………………… (35)
19. 对酒当歌,人生几何?譬如朝露,去日苦多 …………………… (37)
20. 但得众生皆得饱,不辞羸病卧残阳 ……………………………… (38)
21. 东风染尽三千顷,白鹭飞来无处停 ……………………………… (40)
22. 等闲识得东风面,万紫千红总是春 ……………………………… (42)

F

23. 风萧萧兮易水寒,壮士一去兮不复还 …………………………… (45)
24. 粉骨碎身全不怕,要留清白在人间 ……………………………… (47)

G

25. 古道西风瘦马。夕阳西下,断肠人在天涯 ……………………… (50)
26. 苟利国家生死以,岂因祸福避趋之 ……………………………… (52)

H

27. 河汉清且浅,相去复几许?盈盈一水间,脉脉不得语 ………… (55)
28. 黄梅时节家家雨,青草池塘处处蛙 ……………………………… (57)
29. 好水好山看不足,马蹄催趁月明归 ……………………………… (58)
30. 黑云翻墨未遮山,白雨跳珠乱入船 ……………………………… (60)

J

31. 羁鸟恋旧林,池鱼思故渊 ………………………………………… (63)
32. 近水楼台先得月,向阳花木易为春 ……………………………… (65)
33. 捐躯赴国难,视死忽如归 ………………………………………… (67)

34. 蒹葭苍苍,白露为霜。所谓伊人,在水一方 ……………………………… (69)
35. 举头红日照,回首白云低 ………………………………………………… (71)
36. 将军百战死,壮士十年归 ………………………………………………… (73)
37. 接天莲叶无穷碧,映日荷花别样红 ……………………………………… (75)
38. 江山代有才人出,各领风骚数百年 ……………………………………… (77)
39. 及时当勉励,岁月不待人 ………………………………………………… (79)
40. 君看一叶舟,出没风波里 ………………………………………………… (81)

L

41. 落红不是无情物,化作春泥更护花 ……………………………………… (83)
42. 力拔山兮气盖世,时不利兮骓不逝 ……………………………………… (85)
43. 老骥伏枥,志在千里;烈士暮年,壮心不已 ……………………………… (87)
44. 路漫漫其修远兮,吾将上下而求索 ……………………………………… (89)
45. 绿阴不减来时路,添得黄鹂四五声 ……………………………………… (91)

M

46. 明日复明日,明日何其多 ………………………………………………… (94)
47. 牧童骑黄牛,歌声振林樾 ………………………………………………… (95)
48. 满城风雨近重阳 …………………………………………………………… (97)
49. 漫漫平沙走白虹,瑶台失手玉杯空 ……………………………………… (99)

N

50. 宁可枝头抱香死,何曾吹落北风中 ……………………………………… (101)

P

51. 平生不敢轻言语,一叫千门万户开 ……………………………………… (104)

52. 奇文共欣赏,疑义相与析 …………………………………… (106)
53. 岂不罹凝寒,松柏有本性 …………………………………… (107)
54. 秋风萧瑟,洪波涌起 ………………………………………… (109)
55. 清风两袖朝天去,免得闾阎话短长 ………………………… (111)
56. 千磨万击还坚劲,任尔东西南北风 ………………………… (113)

R

57. 日出而作,日入而息 ………………………………………… (115)
58. 人归落雁后,思发在花前 …………………………………… (116)
59. 人生自古谁无死,留取丹心照汗青 ………………………… (118)

S

60. 疏影横斜水清浅,暗香浮动月黄昏 ………………………… (121)
61. 始知锁向金笼听,不及林间自在啼 ………………………… (123)
62. 死去元知万事空,但悲不见九州同 ………………………… (125)
63. 少年易老学难成,一寸光阴不可轻 ………………………… (126)
64. 少壮不努力,老大徒伤悲 …………………………………… (128)
65. 时穷节乃见,一一垂丹青 …………………………………… (130)
66. 山重水复疑无路,柳暗花明又一村 ………………………… (132)
67. 山外青山楼外楼,西湖歌舞几时休 ………………………… (134)
68. 生当作人杰,死亦为鬼雄 …………………………………… (135)

T

69. 天地合,乃敢与君绝 ………………………………………… (139)
70. 天苍苍,野茫茫,风吹草低见牛羊 ………………………… (140)

· 4 ·

目录 Mu lu

W

71. 问渠那得清如许,为有源头活水来 ……………………… (143)
72. 我自横刀向天笑,去留肝胆两昆仑 ……………………… (145)
73. 我劝天公重抖擞,不拘一格降人才 ……………………… (147)

X

74. 小丑跳梁谁殄灭? 中原搅辔望澄清 …………………… (149)
75. 小楼一夜听春雨,深巷明朝卖杏花 ……………………… (150)
76. 小荷才露尖尖角,早有蜻蜓立上头 ……………………… (152)
77. 兴,百姓苦;亡,百姓苦 …………………………………… (153)
78. 相见无杂言,但道桑麻长 ………………………………… (155)
79. 乡村四月闲人少,才了蚕桑又插田 ……………………… (156)
80. 刑天舞干戚,猛志固常在 ………………………………… (158)
81. 些小吾曹州县吏,一枝一叶总关情 ……………………… (160)
82. 萧萧梧叶送寒声,江上秋风动客情 ……………………… (162)

Y

83. 已知泉路近,欲别故乡难 ………………………………… (164)
84. 英雄一入狱,天地亦悲秋 ………………………………… (166)
85. 遗民泪尽胡尘里,南望王师又一年 ……………………… (168)
86. 一腔热血勤珍重,洒去犹能化碧涛 ……………………… (169)
87. 一水护田将绿绕,两山排闼送青来 ……………………… (171)
88. 一顾倾人城,再顾倾人国 ………………………………… (173)
89. 一年好景君须记,最是橙黄橘绿时 ……………………… (175)
90. 欲把西湖比西子,淡妆浓抹总相宜 ……………………… (176)
91. 余霞散成绮,澄江静如练 ………………………………… (178)
92. 咬定青山不放松,立根原在破岩中 ……………………… (180)
93. 窈窕淑女,君子好逑 ……………………………………… (181)
94. 愿得一心人,白头不相离 ………………………………… (183)

95. 夜阑卧听风吹雨,铁马冰河入梦来 ………………………………(185)

96. 遥知不是雪,为有暗香来 ……………………………………………(186)

Z

97. 只解沙场为国死,何须马革裹尸还 …………………………………(189)
98. 丈夫志四海,万里犹比邻 ……………………………………………(191)
99. 昼出耘田夜绩麻,村庄儿女各当家 …………………………………(193)
100. 竹外桃花三两枝,春江水暖鸭先知 …………………………………(195)

白骨露于野,千里无鸡鸣

【名句】

bái gǔ lù yú yě　qiān lǐ wú jī míng
白骨露于野①,千里无鸡鸣②。

【出典】

三国魏曹操《蒿里行》。

【注释】

①白骨:指死人。露于野:无人掩埋,暴露在荒野。
②无鸡鸣:指荒无人烟。

【译文】

死后的白骨,遍野都是,无人掩埋;原本人口稠密的地区,这时已是千里荒无人烟,连鸡叫都听不到了。

【原作】

关东有义士,兴兵讨群凶。初期会盟津,乃心在咸阳。军合力不齐,踌躇而雁行。势利使人争,嗣还自相戕。淮南弟称号,刻玺于北方。铠甲生虮虱,万姓以死亡。白骨露于野,千里无鸡鸣。生民百遗一,念之断人肠。

【作者小传】

曹操(155~220),即魏武帝。三国时政治家、军事家、诗人,字孟德,小名阿瞒,沛国谯县(今安徽亳州)人。东汉末年,在镇压黄巾起义军中,逐步扩充军事

1

力量。初平三年(192)占据兖州,分化、诱降青州黄巾军的一部分,编为"青州兵"。建安元年(196)迎献帝都许(今河南许昌东)。挟天子以令诸侯,先后削平吕布等割据势力。官渡之战大破军阀袁绍后,逐渐统一了中国北部。建安十三年(208),进位为丞相,率军南下,被孙权和刘备的联军击败于赤壁。后封魏王。子曹丕称帝,追尊为武帝。

他在北方屯田,兴修水利,解决了军粮缺乏的问题,对农业生产的恢复有一定作用;用人唯才,打破世族门第观念,罗致地主阶级中下层人物,抑制豪强,加强集权。所统治的地区社会经济得到恢复和发展。他喜音乐,雅好诗章。网罗文士,形成邺下文人集团,是建安文学的代表作家。其文学成就主要在诗歌。今存诗二十余首,皆为乐府歌辞,或反映汉末动乱的现实,或抒写自己的怀抱。代表作有《蒿里行》、《苦寒行》、《观沧海》、《短歌行》、《步出夏门行》等诗,及《让县自明本志令》、《求贤令》、《举贤勿拘品行令》等文。遗著《魏武帝集》,已佚,有明人辑本。又有今人整理排印本《曹操集》。近人黄节有《魏武帝诗注》。

建安五年(200)二月,曹操率领3万多人马,从官渡(今河南中牟县东北)出发,去歼灭围攻白马的袁绍军队。

曹操骑着枣红骏马,沿着黄河北行,沿途看不到一个村庄,遇不到一个农民,田园荒芜,尸骨遍地。这令人目不忍睹的惨景,不免又使曹操回忆起了往事。

东汉末年,朝政腐败,危机四伏,宦官外戚交相掌权,残酷杀戮。野心勃勃的军阀董卓乘机率兵进京,一路上董卓的军队烧杀抢掠,无恶不作。有一次,董卓的军队开到阳城(今河南登封县),正逢当地一个赶集的热闹日子,董卓的官兵把赶集的百姓团团围住,把男人杀光了,把妇女抢来捆绑住。他们把砍下的人头挂在马头的两旁,把抢来的妇女和财物装到牛车上。回到洛阳后,说是打了胜仗,还向皇帝报功请赏。

董卓的倒行逆施,激起了当时关东各州郡将领的义愤,汉献帝初平元年(190)袁绍、袁术、鲍信等联合起兵,推举渤海太守袁绍为盟主,讨伐董卓。但由于各路军队各有各的打算,力不齐一,互相观望,谁也不肯先前进,致使讨伐董卓的军事行动以失败而告终。随后各路军队之间又互相残杀起来。由于征战连年不断,士兵长期脱不下战衣,铠甲里面生满了虮虱,众多的百姓也因连年

· 2 ·

战乱而大批死亡、流浪。

想到这里,曹操愤慨万分,为了表达当时残破动荡的社会现实情况,他骑在马背上,边走边想,吟出了那凄凉哀怨的《蒿里行》诗,"白骨露于野,千里无鸡鸣"便是这首诗中的名句。

"白骨露于野,千里无鸡鸣。"曹操用通俗易懂的语言,描绘了东汉末年军阀连年混战给老百姓带来的严重灾难。当时,董卓篡夺了汉帝国的政权,天下大乱。这两句诗表现了曹操同情人民的苦难,渴望国家统一的心情。

遍身罗绮者,不是养蚕人

【名句】

biàn shēn luó qǐ zhě　bú shì yǎng cán rén
遍　身①罗绮者②,不是　养　蚕　人。

【出典】

北宋张俞《蚕妇》。

【注释】

①遍身:全身上下。
②罗绮者:指穿丝绸衣服的人。

【译文】

看到街上不少人,绫罗绸缎穿满身。仔细看看他们的模样,没有一个是养蚕的人。

【原作】

昨日入城市,归来泪满巾。遍身罗绮者,不是养蚕人。

【作者小传】

张俞,一作张愈(《宋史》),字少愚,益州郫县(今属四川)人,祖籍河东(今山西)。史书上说他"隽伟有大志,游学四方,屡举不第",仁宗宝元初(1038),曾上书朝廷论边防事。因人推荐,经试录用为秘书省校书郎,但他把官职让给父亲,自己却愿在家隐居。益州长官文彦博特别优待他,为出资买得青城山白云溪唐人杜光庭故居安置,他因此号称"白云先生"。"喜弈棋,乐山水,遇有兴,虽数千里辄尽室往。遂浮湘、沅,观浙江,升罗浮,入九疑,买石载鹤以归。杜门著书,未就,卒。妻蒲氏名芝,贤而有文,为之诔曰:'高视往古,哲士实殷,施及秦汉,余烈氛氲。挺生英杰,卓尔逸群,孰谓今世,亦有其人。其人伊何?白云隐君。……'"(《宋史·隐逸传》)确如蒲氏所言,像张俞这样古风强烈的士人到宋代已是不多了,宋初柳开、张咏、寇准、石延年以至范仲淹等人犹有余习。蜀中因地处盆地,那里的士人身上保留的古风也相对多一些。"三苏"中的老苏与大苏那豪迈高逸的风概也有这种古士之风的影子。

宋朝时候,一个不谙世事的蚕妇,昨天,由于她的丈夫生了病,卧床不起,没有办法,只好一个人去城里卖自己缫的丝。由于她一直在乡下,第一次进城,看到城里琳琅满目的商品,兴冲冲而去,而回来却哭哭啼啼,以泪洗面。这是为什么呢?是遭人拦劫?还是受别人欺侮?都不是。

原来,她发现城里那些全身穿绫罗绸缎的人,竟然没有一个是辛辛苦苦的养蚕人!而她自己每年辛勤养蚕,穿的衣服却很破烂。为此,她内心刺激很大,不由得泪如泉涌,号啕大哭。

按理说,这一社会现实,在封建社会中是司空见惯的事了,一般人都不足为奇,但见闻寡陋的蚕妇却才发现这个令人气愤的社会现实:获者不劳!这不正是她自己贫穷终生的社会根源吗?这时候,蚕妇才如梦初醒,因而感到万分悲伤,不由得泪流满巾了。

对此,北宋诗人张俞,为了描述蚕妇进城所见到的不合理现象,也为了揭露封建统治者对人民的残酷剥削,于是,提笔铺纸写了《蚕妇》诗,"遍身罗绮者,不是养蚕人",便是这首诗中的名句。

赏析

"遍身罗绮者,不是养蚕人。"这是诗人借蚕妇之口,深刻地揭露了旧社会里劳动人民的劳动果实受到剥削阶级掠夺的不合理现实,对劳动人民表示了同情。这两句没有一字议论,也没有一丝责难,却以强烈的对比,发人深思,引人思考:为什么获者不劳呢?这首诗被清代的郑板桥选为儿童的启蒙读物,可见它对后人的影响之大。

不畏浮云遮望眼,自缘身在最高层

【名句】

bú wèi fú yún zhē wàng yǎn　zì yuán shēn zài　zuì gāo céng
不畏浮云遮　望　眼①,自　缘　身　在　最　高　层②。

【出典】

北宋王安石《登飞来峰》。

【注释】

①不畏:不害怕。遮望眼:挡住眼睛的视线。
②自缘:当然是因为。身:指自身,自己。最高层:指塔的顶层。

【译文】

尽管天空中有朵朵浮云,可是我也不必害怕它挡住我的眼睛。因为只要登高就能望远,现在我站在塔的最高层顶。

【原作】

飞来峰上千寻塔,闻说鸡鸣见日升。不畏浮云遮望眼,自缘身在最高层。

【作者小传】

王安石(1021~1086),北宋政治家、文学家。字介甫,晚号半山。抚州临川(今属江西)人,后移居江宁(今南京)。熙宁二年(1069),拜参知政事,积极推行新法。王安石为北宋诗文革新运动的中坚人物,唐宋古文八大家之一。理论上,强调文学的社会功用,主张文贵致用,同时也肯定文学的艺术特性。故其所作,多针对现实,有强烈的政治色彩。诗成就最高,今存1500余首。多指陈现实,有感而发。如《河北民》、《收盐》、《兼并》、《发廪》、《秃山》等,直抒胸臆,辞气激烈。咏史之作,如《商鞅》、《韩信》、《贾生》等,往往寓意深刻。《明妃曲》二首,立意新颖,尤负盛名。退隐后,诗歌转为描写山光水色,更注重字句的推敲锤炼,如《江上》、《泊船瓜洲》、《金陵即事》等,其雄直峭劲、壮丽超逸而又深婉不迫的独特诗风,对扫除西昆体残余,推动宋诗革新起了积极作用。但部分诗篇受韩愈影响较深,喜造硬语,押险韵,也对宋诗的发展产生了不良影响。

王安石是北宋著名的政治家、思想家和文学家。他曾大力倡导和实施改革,推行新法。由于保守势力的竭力反对,宋神宗熙宁七年(1074),他第一次被迫辞去宰相职位。

这时,他路过浙江杭州的灵隐寺,攀登那奇峰屹立的飞来峰,峰上有一座高耸的宝塔直插云天。那塔身本来就很高,再加上建筑在山峰上,更显示了它昂首云天外的雄姿。在飞来峰的山脚下,王安石听到一同来登山的人说,在飞来峰的宝塔上,当鸡啼刚黎明时,就能见到朝阳初升时的壮丽景象。在登山途中,为了要看飞来峰日出的景象,王安石鼓足了勇气,终于登上了宝塔。他在塔上,不怕天空中的浮云遮住自己的视线,因为他站在塔的最高层,身处在浮云之上了。在宝塔的顶层,王安石深刻领会到了唐代大诗人王之涣的"欲穷千里目,更上一层楼"的含义,领略了那里的无限风光。

为了描写登飞来峰高塔顶层时所见的周围景色,也为了表达他远大的政治理想和勇于革新、不怕困难的斗争精神,王安石欣然命笔,写了这首借景抒情的《登飞来峰》诗。"不畏浮云遮望眼,自缘身在最高层",便是这首诗中的名句。

赏析

"不畏浮云遮望眼,自缘身在最高层。"这是借景言志的好诗。浮云本来是能够遮住阳光,挡住视线的,但是诗人为什么"不畏"呢?因为如今诗人已经登上了飞来峰上宝塔的最高层顶,身处在浮云之上了。浮云只在诗人脚下翻滚飘浮,他昂首云天外,当然是用不着怕了。这两句诗含意十分深刻,说明"只有站得高,才能望得远"的深刻道理。这跟唐代大诗人王之涣的"欲穷千里目,更上一层楼"的名句的用意是相仿的。

不要人夸好颜色,只留清气满乾坤

【名句】

bú yào rén kuā hǎo yán sè　zhǐ liú qīng qì mǎn qián kūn
不 要 人 夸 好 颜 色①,只 留 清 气 满 乾 坤②。

【出典】
元王冕《墨梅》。

【注释】
①好颜色:花的颜色鲜艳美丽。
②清气:清香气味。乾坤:天地之间。乾是天,坤是地。

【译文】
它不羡慕姹紫嫣红的艳丽色彩,也不希望有谁来把它夸奖。它只有一个小小的心愿,让天地间充满那淡淡的清香。

【原作】
我家洗砚池头树,个个花开淡墨痕。不要人夸好颜色,只留清气满乾坤。

【作者小传】

王冕(1287~1359),元诗人、画家。字元章。诸暨(今属浙江)农家子。行多诡激,颇近于狂。工于画梅,燕京贵人争求之,乃以一幅张壁间,题诗其上曰:"疏花个个团冰玉,羌笛吹他不下来。"或以为刺时。寻隐会稽九里山,自号"煮石山农";又植梅千株,自号"梅花屋主";命其居曰"竹斋";题其舟曰"浮萍轩",放舟鉴湖。著有《竹斋集》三卷、续集一卷。

在一所乡村学校的窗外,一个七八岁的小孩,正踮着脚朝屋里张望,只见一个老先生正在摇头晃脑地教一群孩子念《三字经》。琅琅的读书声传到窗外,他便跟着念;看人家在纸上练字,他就用手在墙上勾勾画画地学着写。他几乎天天都站在窗外专心地偷听上课,而忘记了自己放牧在田野里的牛群。

这个孩子叫王冕,他长大以后,成了很有名的画家和诗人。

王冕小时候家里很穷,上不了学,他就替人家放牛,换口饭吃。有一次,他听课出来,发现走失了一头牛,他四处寻找,大声吆喝,可是不见牛的踪影,他急得大哭起来。父亲得知后,狠狠揍了他一顿,不许他再去学校偷听。可是第二天,他忍着伤痛还是偷偷地来到了窗下。就这样,天长日久,他识了不少字,能粗略地看懂文章了。于是,他就攒钱,买了几本旧书,夜晚跑到庙里,坐在弥勒佛的膝盖上,借着长明灯的灯光,专心致志地读书。

一天,王冕看到书上有美丽的插图,就开始照着画。在野外放牛,看到旭日东升、百花盛开,他觉得大自然真美,也情不自禁地学着画。有一年冬天,他发现山崖上挺立着几枝不畏严寒的红梅,那含苞欲放的花蕾,似乎在向他点头微笑。于是,他一边铺纸描画,一边告诫自己:做人就要像这傲霜斗雪的梅花。他确实是这样不断磨炼自己的品德,他长期沉浸在画梅咏梅的情趣之中。

元朝末年,兵荒马乱,王冕隐居九里山。他亲手栽种了上千株梅树,自称"梅花屋主"。他每天画画,画得最多的是梅花。他作画之后都要题诗,在一幅赠送友人的横枝梅花图上,他挥笔写了首《墨梅》诗,"不要人夸好颜色,只留清气满乾坤",便是这首诗中的名句。

赏 析

"不要人夸好颜色,只留清气满乾坤。"这两句赞赏梅花的高尚情操。它以否定句式写不要人夸其色艳,句中用一"只"字,结出正意,写出梅花的意愿:在天地之间保留清香之气。句子通俗易懂,通过梅花品格风貌的描述,以画龙点睛之笔,突出反映了作者的志趣和怀抱,表现了不向世俗迎合的高洁操守。这两句说明了一个人生活在世上,不要只图被别人夸赞而沾沾自喜,应该有坚定的志向和高洁的品格,为社会为人民留下一点儿"清香之气"。

不识庐山真面目,只缘身在此山中

【名句】

bù shí lú shān zhēn miàn mù zhǐ yuán shēn zài cǐ shān zhōng
不 识 庐 山 真 面 目①,只 缘② 身 在 此 山 中 。

【出典】

北宋苏轼《题西林壁》。

【注释】

①不识:不认识,不清楚。庐山:山名,又名匡山,我国的名山。
②只缘:就是因为。缘,因为。

【译文】

不认识庐山本来的面目,只因为置身于这山中。

【原作】

横看成岭侧成峰,远近高低各不同。不识庐山真面目,只缘身在此山中。

【作者小传】

苏轼（1036~1101），北宋政治家、文学家、书画家。字子瞻，一字和仲，号东坡居士，谥文忠。眉州眉山（今四川眉山）人。与父苏洵、弟苏辙，合称"三苏"。思想博杂，于儒、道、释均有吸取融汇，并由此而形成独特的人生态度。在政见上倾向儒学，在人生处世上出入庄老禅宗。积极从政，坚持操守，但反对欲速轻发，既为新党所不容，亦为旧党所不满；然其生活态度"期于静而达"，观察问题颇能超脱，处世接物又复旷达，故虽历尽挫折飘泊，始终达观。其文学主张受欧阳修影响，反对五代宋初浮巧轻媚的文风。其理论主张对宋代诗文革新贡献甚大，对后代也有影响。其文学创作成就极高，文、诗、词俱为一代大家。散文被后人称为"唐宋八大家"之一，坚持了欧阳修文平易之路，而更为畅达自由；文体多样，风格亦多样。诗存 2700 余首，涉及政治、社会、历史、人生、山水记游、朋友唱和乃至艺术创作的经验和鉴赏诸多方面，抒写情怀，慨叹人生，讥弹时政，寄寓名理，无不形象鲜明，神味完足。如《和子由渑池怀旧》、《蚕市》、《踏青》、《荔枝叹》、《吴中田妇叹》、《泗州僧伽塔》、《游金山寺》、《有美堂暴雨》、《饮湖上初晴后雨》、《题西林壁》、《六月二十日夜渡海》等。苏诗风格多样，对陶渊明、李白、杜甫、白居易、韩愈诸人均有继承发挥，而"嬉笑怒骂，皆成文章"，个性极为分明，实现了他"系风捕影"能充分达意的文论主张。

苏轼住在黄州五年，他和当地的父老处得不错。大家虽然舍不得离开他，但对皇帝还能记起他感到高兴。他们聚集在长江岸边给苏轼送行，其中有老的、也有少的，有地位高的、也有地位低的。大家看着他的船顺江而去，久久不愿离开。

苏轼离开黄州后很久，对黄州父老仍怀着感激之情。

当时，有十九个人随船送他到慈湖，最后还有三个人送他到九江。这三个人，一个是和尚参寥，他决定到庐山顶上去；一个是道士乔同，据说他当时已经一百三十多岁了，准备到兴国去；再一个就是陈慥，这是苏轼在黄州期间来往最亲密的朋友。临别时，两位老朋友互相叮咛，今后说话一定要注意，与人接触要小心，以免大祸再次临头。

船到九江，参寥、乔同分头上路，陈慥也转回麻城。苏轼让长子苏迈率一家人暂住在岸边，自己往筠州去见弟弟苏辙。

这年端午节,苏轼是在筠州过的。他已经好几年未与弟弟在一起过端午节了。不仅是苏辙,就连苏辙的孩子苏迟、苏适、苏远等都很高兴。

从筠州回来,苏轼在庐山游玩了一些日子。他从正面看庐山是峻岭巍峨,只觉得它非常雄伟壮观,但转到它的侧面一看,却又奇峰峭立,直入云天,又觉得它高峻挺拔。从远处、近处、高处、低处等不同角度来看庐山,没有一处是相同的。苏轼想为什么游山十几天,到最后还是认不清它的真面目呢?原来只是自己在庐山中转来转去,而没有登上它的最高峰,当然无法看到它的全貌了。

苏轼从到庐山而看不准庐山,暗示事物是复杂的,角度不同,就会有不同的看法。为此,苏轼诗兴大发,用借景抒情的方法,在庐山山脚下的西林寺的墙壁上,挥写了《题西林壁》诗,"不识庐山真面目,只缘身在此山中"便是这首诗中的名句。

"不识庐山真面目,只缘身在此山中。"这两句说明只看到庐山的一个局部,而没有真正认识庐山的根本原因,就在于"身在此山中"。由于身在庐山之中,就不可能看清庐山的全貌。这两句看似在分析观景时所见庐山或成岭或成峰的原因,实际上却通过庐山形貌变化的生动形象,揭示出一个深刻的人生哲理:"当事者迷,旁观者清。"告诉人们看问题一定要全面,而不可以偏概全,否则会使自己身陷其中,"不识庐山真面目",却还自以为是。

爆竹声中一岁除,春风送暖入屠苏

【名句】

bào zhú shēng zhōng yí suì chú　chūn fēng sòng nuǎn rù tú sū
爆　竹　 声　 中　一　岁　除①,春　 风　 送　 暖　 入　屠　苏②。

【出典】

北宋王安石《元日》。

· 11 ·

【注释】

①爆竹:相当于现代的鞭炮。古代除夕(一年的最后一天)夜有烧竹的风俗,竹子燃烧时因爆裂而发出噼噼啪啪的声音,所以叫爆竹。传说这种声音能驱除山鬼。一岁:一年。除:除去,意思是送走。

②屠苏:古代的一种美酒名。古代人习惯在正月初一喝屠苏酒。

【译文】

爆竹声声宣告旧的一年已经过去,浩荡春风将暖意吹进了屠苏美酒。

【原作】

爆竹声中一岁除,春风送暖入屠苏。千门万户曈曈日,总把新桃换旧符。

【作者小传】(见第6页)

宋神宗熙宁二年(1069),王安石任宰相,积极推行新法,主张革新政治。当时社会上百废待兴,人民安居乐业,显现出一派兴旺繁荣的景象。那一年春节,人们喜气洋洋,欢庆的爆竹增添了节日的气氛。王安石目睹现状,感到春风得意,把变法革新隐喻为春风朝阳给千家万户送来温暖、带来光明,以除旧迎新来象征和歌颂新法的胜利推行。

在这万众欢庆的日子里,王安石敏感地摄取了老百姓过春节这个典型的素材,准确抓住了元日这一天有代表性的生活细节:点燃爆竹、喝屠苏酒、换新桃符,充分表现出新春佳节的欢乐热闹、万象更新的气氛。王安石把这些景象看在心中,投之于笔端,于是写了描绘春节的七言绝句《元日》诗,"爆竹声中一岁除,春风送暖入屠苏",便是这首诗中的名句。

"爆竹声中一岁除,春风送暖入屠苏。"这两句从听觉、视觉等方面,都给人以欢腾、喜悦、祥和的感觉,令人无不振奋,无不对新的一年充满美好的希望。然

12

而,这两句诗并不仅仅停留于对大年初一景象的描写,而是意在言外,令人深思。诗人是有理想有抱负的政治家,他的改革措施得以推行,自然心中有无限喜悦。因此这两句诗洋溢的喜悦之情,正是他内心的写照。现在许多人在过年的时候采用此句写成春联。这句诗在描写春节喜庆气氛方面的确是不可多得的佳句。

本是同根生,相煎何太急

【名句】

běn shì tóng gēn shēng　xiāng jiān hé tài jí
本 是 同 根 生①,相 煎 何 太 急②!

【出典】

三国魏曹植《七步诗》。

【注释】

①同根生:同一条根上生出来的。
②煎:这里是煎熬、折磨的意思。

【译文】

我们俩都是同一条根上生长出来的,你现在烧起猛火来煎熬我,你怎么这样急迫,这样残酷啊!

【原作】

煮豆燃豆萁,豆在釜中泣:"本是同根生,相煎何太急!"

【作者小传】

曹植(192~232),三国魏文学家。字子建。沛国谯县(今安徽亳州)人。他是曹操之妻卞氏所生第三子,封陈思王。

曹植自幼颖慧,年10岁余,便诵读诗、文、辞赋数十万言,出言为论,下笔成章,深得曹操的宠信。曹操曾经认为曹植在诸子中"最可定大事",几次想要立

他为太子。然而曹植行为放任,屡犯法禁,引起曹操的震怒;而他的兄长曹丕则颇能矫情自饰,终于在立储斗争中渐占上风,并于建安二十二年(217)得立为太子。代表作《白马篇》《送应氏》《洛神赋》等,刘勰《文心雕龙·章表》有"独冠群才"之称。赋以《洛神赋》最著,代表建安辞赋创作最高成就。诗之成就更在文、赋之上。钟嵘《诗品》谓其"骨气奇高,词采华茂,情兼雅怨,体被文质,粲溢今古,卓尔不群",推为"建安之杰"。

曹植是三国时代大政治家曹操的小儿子。他十多岁就能诗善赋。曹操读了他的文章,常常赞叹不已。有一次,曹操仔细吟味曹植的诗篇后疑惑地问道:"你这是请人代笔的吧!"

曹植怫(fú)然不悦,朗声回答:"我言出为论,落笔成章,何必要请人代笔呢?父王不信,可以面试。"

"孩儿何必当真,我只是随便问问罢了。"曹操笑了笑说。他心想,这个孩子聪慧过人,一定早成大器。

曹操死后,长子曹丕继承魏王,就在这一年,他又废黜(chù)了汉献帝,登基做了皇帝。曹丕君临天下,得意非凡,可也有一桩心事折磨着他,这就是怕弟弟曹彰和曹植同他争夺天下。特别是曹植,才学超群,不同凡响,在大臣中威信很高。当年曹操就屡次想扶立曹植为太子。想到这里,曹丕杀心顿起,他托言思念兄弟,派了使者专程去曹彰和曹植的封地,召他俩入京。

曹彰和曹植还以为曹丕手足情深,兴冲冲地奉诏入京。但刚到邺(yè)城,即遭软禁。几天后,曹丕借口枣子新熟,请曹彰进宫品尝。曹彰吃了曹丕赐给的枣子,当晚中毒身亡。这下,大臣们议论纷纷,母亲卞太后更是悲愤交加。曹丕也觉得这一手干得太露骨,不得不考虑用更隐蔽毒辣的手段来对付曹植了。

于是,曹丕开始对曹植变得亲热起来,主动解除了对曹植的软禁,还经常和曹植谈诗论文,同辇出游。卞太后和大臣们都以为曹丕改悔了。一天,曹丕又宴请曹植。席间,他口口声声地恭维曹植的文情诗才,曹植连忙起身,拱手感谢皇兄的褒奖。

"不过,先王在世时曾猜疑,皇弟的诗文是请他人代笔,不知可有此事?"曹丕突然话锋一转,问道。

听话听音,曹植感觉话中带刺,就冷冷地回敬了一句:"陛下不信,不妨面

试,何必抬出先王呢?"

"既然如此,朕限你在七步之内作诗一章,倘若不成——"

"倘若不成,就以欺君之罪论处!"曹植没等曹丕说完就接了上去。当时,他神态自若,语调坚定。

当时,群臣相顾失色,都暗暗为曹植捏了一把汗。一个小小的内侍偷偷地溜进内宫,禀报下太后。

曹植当然明白这是曹丕故意设下的圈套。但事已至此,与他争执毫无用处,退却更是无能的表现;只有振作精神,运用自己的诗歌表现才能,击破他的阴谋。况且,眼前曹丕这种兄弟不容的行径,正可作为入诗的材料。于是他缓步慢行,酝酿诗句。一步、两步、三步……殿上殿下,鸦雀无声,只见曹植还未挪动第七步,就启禀道:"陛下,诗已作成了。"

"念吧!"曹丕见他才思如此敏捷,暗暗吃惊。

曹植不慌不忙,语调中隐隐含着一丝悲愤,高声吟诵了《七步诗》,"本是同根生,相煎何太急",便是这首诗中的名句。

"本是同根生,相煎何太急。"这两句曹植用拟人手法,用豆子比自己,豆梗比曹丕,质问曹丕:我和你本是同胞兄弟,你为什么对我逼迫得这样紧啊!据说曹丕听了诗后内心也感到惭愧。这两句中的拟人和比喻用得很贴切,表现了作者敏捷的才思,同时也反映了封建统治阶级内部争权夺利、骨肉相残的腐朽本质。现在人们也用它来描写亲兄弟姐妹之间的互相迫害。

采菊东篱下,悠然见南山

【名句】

cǎi jú dōng lí xià　yōu rán jiàn nán shān
采 菊 东 篱 下①,悠 然 见 南 山②。

【出典】

东晋陶渊明《饮酒》。

【注释】

①采菊:采集菊花。东篱下:东边的篱笆下面。指长菊花的地方。
②悠然:悠闲自得的样子。南山:指庐山。

【译文】

在园地里采菊时无意中望到庐山,一种悠然之乐油然而生。

【原作】

结庐在人境,而无车马喧。问君何能尔,心远地自偏。采菊东篱下,悠然见南山。山气日夕佳,飞鸟相与还。此中有真意,欲辨已忘言。

【作者小传】

陶渊明(365 或 372 或 376~427),一名潜,字元亮,世号靖节先生。东晋文学家。浔阳柴桑(江西九江)人。29 岁时开始出仕,任江州祭酒,不久归隐。后陆

续做过镇军参军、建威参军等小官,过着时隐时仕的生活。41岁再出为彭泽令,八十多天便弃职而去,从此归隐田园。

陶渊明是汉魏南北朝八百年间最杰出的诗人。陶诗今存125首,多为五言诗。从内容上可分为饮酒诗、咏怀诗和田园诗三大类。他是第一个大量写饮酒诗的诗人,他也是田园诗的开创者,陶渊明的田园诗以纯朴自然的语言、高远拔俗的意境,为中国诗坛开辟了新天地,并直接影响到唐代田园诗派。代表作《归园田居五首》、《饮酒诗二十首》等,表现对黑暗社会的憎恶,对田园生活的热爱和对自然景物的赞美。

散文以《桃花源记》最有名,大约作于南朝宋初年。它描绘了一个乌托邦式的理想社会,表现了诗人对现存社会制度的彻底否定与对理想世界的无限追慕之情。它标志着陶渊明的思想达到了一个崭新的高度。

陶渊明喜欢喝酒,因为家里穷,不能经常买酒喝。亲戚朋友关心他,有时也会备酒请他去喝。他总是要喝个痛快。喝醉之后立刻告辞,从不多作停留。

回到家里,陶渊明恢复了过去的恬淡自在的生活。有时他在园子里散步,有时出去游览,疲倦了就休息。在闲暇的时刻,他就眺望远处,只见片片白云,从山穴间飘浮上来,几只飞鸟从远处飞来,回到山间的树巢。陶渊明突然觉得自己好像那白云和飞鸟一样,在无意中走进了尘世,又因疲倦不堪而回到自己的家。

陶渊明认为以前出去做官,是违背了自己的意志。过去的错误不能挽回,未来的事情还可以补救,好在误入迷途还不算远,于是他不为五斗米折腰,再也不涉足官场,一直过着隐居生活。

陶渊明归隐之后,在耕作的同时看到令人神往的田园风光。于是他写了《饮酒》诗,"采菊东篱下,悠然见南山",便是这首诗中的名句。

"采菊东篱下,悠然见南山。"这两句写出了一种"无我之境",把诗人那种悠然自得、抛却尘俗的情致描绘得细腻、真切。这两句说采菊时无意中见到庐山,境与意会,情与景融,浑然一体,物我皆忘,一种悠然之乐便油然而生。鲁迅

先生论陶渊明说:"就是诗,除论客所佩服的悠然见南山之外,也还有'精卫衔微木,将以填沧海;刑天舞干戚,猛志固常在'之类的'金刚怒目'式,在证明着他并非整天整夜的飘飘然。这'猛志固常在'和'悠然见南山'的是一个人,倘有取舍,即非全人,再加抑扬,更离真实。"(《且介亭杂文二集·"题未定"草(六)》)

晨兴理荒秽,带月荷锄归

【名句】

chén xīng lǐ huāng huì　dài yuè hè chú guī
晨　兴　理　荒　秽①,带 月 荷 锄 归②。

【出典】

东晋陶渊明《归园田居》(其三)。

【注释】

①晨兴:早晨起来。理:整治,除去。荒秽:荒乱的杂草。
②带月:披着月光。荷:扛着。

【译文】

清晨起来上山整理荒草;黄昏时,肩扛锄头,沐浴着月亮的清辉回家。

【原作】

种豆南山下,草盛豆苗稀。晨兴理荒秽,带月荷锄归。道狭草木长,夕露沾我衣;衣沾不足惜,但使愿无违。

【作者小传】(见第16页)

清晨,天刚蒙蒙亮,星星还在巨大的天幕上眨着眼睛。一个扛着锄头的老

汉已经走在田埂上了。他穿着粗布衣衫,腰间扎一根布带,裤脚管卷到膝盖,一只手提着竹篮,篮里是两个盛饭菜的瓦罐。

南山下的一片地里,种着十几垄蚕豆。远远看去,青草蹿得很高,在晨风中摇摆起伏。老汉还没踏上田头,就呵呵地笑开了:"青草长,长青草,欺侮豆苗太稀少,待我老头来清理,锄去青草留豆苗!"太阳出来了,老汉一下又一下挥锄,脚后留下一行又一行整齐的豆苗。

太阳当空了。老汉靠在田边树荫里,吃过午饭,打个盹儿,又挥汗锄草,一直忙到月亮升起时,才踏着露水回家。

这个老汉是谁呢?他就是东晋的著名诗人陶渊明。陶渊明曾经做过官,但他看不惯封建官场的腐败现象,辞职回到家乡,亲手栽种庄稼,在大自然的怀抱里自由自在地生活。人们称他为田园诗人。陶渊明把自己在南山种豆锄草的情境写在《归园田居》(其三)诗里,"晨兴理荒秽,带月荷锄归"便是这首诗中的名句。

赏析

"晨兴理荒秽,带月荷锄归。"这两句诗,诗人用简洁的笔法勾画出耕作的辛勤、艰苦与劳动后的轻松、愉快。"晨兴",一早就下田干活了。诗人躬耕农事,重温田园生活,内心的欣慰之情溢于言表。"带月荷锄归",活现出诗人悠然自得的神情意态。这句中的"带月"二字用得很好,月夜在山村走路,往往产生"带月"的错觉。当你匆匆赶路的时候,觉得天空中的月亮在伴随你前进,似乎人在带着月亮走。这里,我们仿佛看到一幅农家晚景图:蓝天、明月、黑魆魆的山,诗人肩扛着锄头,哼着小调,沿着露重草湿的乡间小道漫步归来。温汝能说:"带月'句',真而警,可谓诗中有画。"(《陶诗汇评》卷二)这两句诗,使我们一方面感到诗人劳动的辛苦,另一方面又觉得山村月夜很美好。

草长莺飞二月天,拂堤杨柳醉春烟

【名句】

cǎo zhǎng yīng fēi èr yuè tiān　fú dī yáng liǔ zuì chūn yān
草　长　莺　飞　二　月　天①,拂堤杨柳醉春烟②。

【出典】

清高鼎《村居》。

【注释】

①草长:春草茁壮地发芽生长。二月:农历二月,指初春时节。

②拂堤:指杨柳长长的枝条在春风吹动下飘拂着堤岸。拂,轻轻地擦过。堤,堤岸。醉:陶醉,沉醉。春烟:春天地面上蒸发的水气像轻薄的烟雾。

【译文】

早春二月好天气,春草生长黄莺啼。春烟如雾又似纱,柳条青青醉拂堤。

【原作】

草长莺飞二月天,拂堤杨柳醉春烟。儿童散学归来早,忙趁东风放纸鸢。

【作者小传】

高鼎(生卒年不详),字象一,又字拙吾,钱塘(今浙江杭州市)人,清代诗人。

　　早春二月,清代诗人高鼎看到他所居住的村庄周围,嫩绿的草铺满了田野,黄莺在天上自由地翻飞,村外河边的堤岸上成排的杨柳树,婆娑起舞,姿态万千,好像迷醉在春烟蒙蒙的景色之中。诗人高鼎高兴地看着眼前这一切,竟被江南农村那浓浓的春意和生机勃勃的景象陶醉了。

　　就在诗人欣赏这盎然春意的时候,一群天真活泼的儿童背着书包,嘴里唱着歌儿,蹦蹦跳跳地放学回家了。回家后,他们把书包一放,又飞也似的跑到野外,到田野里去放风筝了。这时候,风筝在天空中凌风翔舞,飘忽不停,时上时下,这给一群活泼可爱、欢跳奔跑的儿童带来了无限的欢欣和快乐。

　　此刻,诗人想到春天给人们带来了无限的欢乐和生机,孩子们的欢笑也反衬了春光的无限美妙,于是,立刻回到家里,他激情难抑,把他的所见所闻,挥笔写了首《村居》诗,"草长莺飞二月天,拂堤杨柳醉春烟"便是这首诗中的名句。

· 20 ·

"草长莺飞二月天,拂堤杨柳醉春烟。"这两句诗主要写初春景色。那嫩绿色的柔软细长的柳条,像姑娘的长发似的,在如烟似雾的春烟中陶醉了,它醉醺醺地摇晃着柳条在抚摸着长长的堤岸。句中的"醉"字把杨柳拟人化了。杨柳是植物,本来没有感情的,这儿写它带着醉意,抚摸堤岸,把它写活了。在这两句中,作者抓住"草长"、"莺飞"、"杨柳"、"春烟"这些初春时主要景物特征来写。通过"长、飞、拂、醉"这些词,写出了景物的动态。很形象、生动。

《出师》一表真名世,千载谁堪伯仲间

【名句】

　　chū shī　yì biǎo zhēn míng shì　qiān zǎi shuí kān bó zhòng jiān
《出师》一　表　真　名　世①,千　载　谁　堪　伯　仲　间②。

【出典】

南宋陆游《书愤》。

【注释】

①《出师》一表:诸葛亮在蜀汉后主建兴五年(227)三月出兵伐魏前,曾写了一篇《出师表》,表示自己为国而"鞠躬尽瘁"的决心。名世:名传后世。

②伯仲:原指兄弟间长幼次序,引伸为衡量比较人物等差之词。这里则有相提并论、并驾齐驱的意思。

【译文】

一篇《出师表》真正名扬后世,千载以来有谁配得上同诸葛亮相提并论!

【原作】

早岁那知世事艰,中原北望气如山。楼船夜雪瓜洲渡,铁马秋风大散关。塞

上长城空自许,镜中衰鬓已先斑。《出师》一表真名世,千载谁堪伯仲间!

【作者小传】

陆游(1125~1210),南宋文学家。字务观,号放翁。越州山阴(今浙江绍兴)人。2岁遭靖康之难,随父南迁。18岁师事曾几。高宗绍兴二十三年(1153)进士第一,然殿试时为秦桧除名;二十八年为福州宁德县主簿。孝宗隆兴元年(1163)任圣政所检讨官,赐进士出身;二年调镇江府通判。乾道二年(1166)罢官;五年起任为夔州通判,八年为四川宣抚司干办公事。淳熙二年(1175)范成大荐为成都府路安抚司参议官兼四川制置司参议官;三年免官,五年知叙州,七年复罢官,十三年起知严州,十五年任礼部郎中兼实录检讨官。宁宗嘉泰二年(1202)为中大夫,兼同修国史。其诗文生前即为世人推重。朱熹谓"放翁老笔尤健,在当今推为第一流",杨万里则誉之为"重寻子美行程旧,尽拾灵均怨句新"。其经历丰富,视野阔大,师法广泛,故能突破江西诗派藩篱自成一家,形成豪宕丰腴之特色。其诗"多豪丽语,言征伐恢复事",读之令人荡气回肠。代表作有《关山月》、《书愤》等。写景纪游诗如《游山西村》、《怡斋》等情景融洽。其诗风格多样富于变化,汪琬以为南宋诗坛可称大家者仅陆游一人。亦擅词,杨慎言"放翁词纤丽处似淮海,雄慨处似东坡"。文亦堪称大师,《入蜀记》写景传神,引人入胜;其四六文以单行之神入排偶之中,富于创新。著有《老学庵笔记》、《剑南诗稿》、《渭南文集》、《放翁逸稿》、《南唐书》等。

陆游从小学诗,十七八岁时就出了名。29岁那年,他参加省试,取得第一名。因为名次在秦桧孙子秦埙之前,遭到秦桧忌恨,到礼部复试,竟被除名,连考试官也受到株连。

直到秦桧死后,陆游才被起用做过两任地方官,后来调到临安担任编辑敕令的官。

当时,陆游诗名很高。宋孝宗即位前,曾偶然问起大臣周必大:"当今诗人中,谁能比得上唐代的李白?"

周必大说:"那只有陆游了。"

这段对话一传出,人们就说陆游是"小李白"。

从此,宋孝宗十分欣赏陆游的诗文,即位以后,就提陆游为枢密院编修官,

特赐进士出身。孝宗即位,也想恢复中原,命主战派将领张浚担任右丞相,都督江淮一带兵马。这给一心报国的陆游带来了极大的鼓舞。

  一直到陆游62岁那年,从江西抚州免官回家乡闲住已近六年了。初春时节,他北望中原,壮心犹在,很想为国出力,却没有机会,又想到自己过去从军的经历和诸葛亮的《出师表》,恨南宋竟无人出来恢复故土,为了抒发积愤难平的心情,于是写了一首《书愤》诗,"《出师》一表真名世,千载谁堪伯仲间"便是这首诗中的名句。

  "《出师》一表真名世,千载谁堪伯仲间。"这两句诗赞扬诸葛亮,更是怨恨朝中无人。诸葛亮《出师表》中有"奖率三军,北定中原……兴复汉室,还于旧都"之语,正道出了陆游平生的心事,故他对诸葛亮的人品、才干、气度极为敬仰,千载之下引为同调。这两句诗表达了诗人对诸葛亮的尊崇,渴望在当今乱世之秋能有诸葛亮这样有才能的忠心之士治理国家。后人常用此句作为对历史伟人的称誉之词。

池塘生春草,园柳变鸣禽

【名句】
chí táng shēng chūn cǎo　yuán liǔ biàn míng qín
池 塘 生 春 草①,园 柳 变 鸣 禽②。

【出典】
南朝宋谢灵运《登池上楼》。

【注释】
①生春草:萌生青草。
②变鸣禽:叫着的鸟儿换了种类。

【译文】

池塘边逐渐萌生了青草,柳林里也增添了婉转啼鸣的小鸟。

【原作】

初景革绪风,新阳改故阴。池塘生春草,园柳变鸣禽。祁祁伤豳歌,萋萋感楚吟。索居易永久,离群难处心。

【作者小传】

谢灵运(385~433),南朝宋诗人。陈郡阳夏(今河南太康)人,东晋著名军事家谢玄(在淝水之战中指挥军队以少胜多)的孙子。袭爵封康乐公,后世习惯称他为谢康乐。谢灵运出生于会稽始宁(今浙江上虞),出生后不久就寄养在钱塘杜家,15岁时回到建康,所以小名曰客儿,后世又称之为谢客。

晋安帝义熙元年(405),谢灵运出仕为琅琊王德文的大司马行参军。次年,豫州刺史刘毅移镇姑孰(今安徽当涂),以谢灵运为记室参军。义熙十二年,谢灵运又为骠骑将军刘道怜的谘议参军,转中书侍郎。永初元年(420),刘裕代晋自立,国号宋,降谢灵运的封爵为康乐侯,又任命他为散骑常侍、太子左卫率。因性好山水,肆意遨游,后辞官归家。

谢灵运在青年时代接受过良好的文化教育,其才学很早就受到族叔谢混的赏识,成为谢氏族中一时之秀。博览群书,工书画。通史学,精佛老,尤以诗著称。其诗大都写山水名胜,开山水诗一派。描摹景物,逼真细致,多有典丽清新、意境优美的佳句,明人辑有《谢康乐集》。

谢灵运有很高的文学修养,每作一首诗,便传遍江南,人人争诵。但他心高气傲,对任何人都看不起,都要批评指责,唯独对他年轻的堂弟谢惠连十分赏识,他说:"我面对很多大臣、学者,总觉得心中不舒服,只有见了惠连,便感到有一种清爽之气,使我文思大开,作诗常得佳句。"

有一年冬天,谢灵运患病卧床,不能外出。到第二年初春才病愈登楼。推开屋窗一看,园子里已经萌发了春气,他作诗的兴致来了,一面想一面写,一共作了二十句。自己看看,认为还缺少两句清新脱俗、能够表现当前景色和心情的话,可以总领全诗。他反复思考,苦思冥想了几天,没有能够写出使自己满意的诗句。

那一夜,他入睡后,梦见自己携着幼弟谢惠连的手,在花园的池塘边散步。兄弟俩心情舒畅地谈诗说文,穿过柳林,踱过草地……这时,谢灵运蓦地醒来了。刚一醒,他就随口吟出两句诗来:"池塘生春草,园柳变鸣禽!"他很惊讶,这两句诗非常自然、生动地表达了自己久病初愈一眼看到的景象:花园里春光已近,池塘边逐渐萌生了青草,柳林里也增添了婉转啼鸣的小鸟。

他觉得这两句诗好像不是自己的,但也记不得是不是堂弟谢惠连梦中所吟。于是,他挥笔写了首《登池上楼》诗,"池塘生春草,园柳变鸣禽",便是这首诗中的名句。

"池塘生春草,园柳变鸣禽。"这两句不仅意境隽永、简切晓畅,而且更反映了谢氏兄弟的心心相通的真挚感情。这两句历来为人们所称赏。金代元好问说:"池塘春草谢家春,万古千秋五字新。"句中一"生"一"变",形象地表现出冬去春来的变化。在一"见"一"闻"中,描绘了春草萌生,柳禽啼鸣,一派蓬勃的生机,喜悦的心情溢于言表。这种平淡清新、不加雕饰的自然描绘,便是取得人们好评的原因。

吹面不寒杨柳风

【名句】

chuī miàn bù hán yáng liǔ fēng
吹 面 不 寒 杨 柳 风①。

【出典】

南宋志南《绝句》。

【注释】

①杨柳风:指春风。杨柳发绿时,春风吹拂,使人格外感到风的柔和,所以说"杨柳风"。

【译文】

春风吹到脸上,人们不觉得寒冷。

【原作】

古木阴中系短篷,杖藜扶我过桥东。沾衣欲湿杏花雨,吹面不寒杨柳风。

【作者小传】

志南,宋诗僧。活动于北宋末期。有《绝句》一首传诵于世,云:"古木阴中系短篷,杖藜扶我过桥东。沾衣欲湿杏花雨,吹面不寒杨柳风。"宋赵与虤《娱书堂诗话》载:"僧志南能诗,朱文公(熹)尝跋其卷云:'南诗清丽有余,格力闲暇,无蔬笋气。'如云:'沾衣欲湿杏花雨,吹面不寒杨柳风。'予深爱之。"著作今存《天台山国清禅寺三隐集记》一卷。

　　春天,新生的小草绿色如茵,纤细如丝,给大地换上了新装。各种花草树木都绽开了美丽的花朵。绿的草,红的花,交相辉映,渲染出春天的无限魅力和生机。这时,南宋时的志南和尚走出庙门,荡着小船,慢慢地靠了岸,将小船拴在岸边的古树上,拄着拐杖踱过桥东,悠然自得地观赏这姹紫嫣红的大好春光。

　　这时,树上的杏花开放,天上细雨丝丝,带着凉意,飘洒着芬芳,给他以美的享受,使他感到心旷神怡。杨柳风微拂脸面,挟着花香,携着春意,不但没有半点儿寒意,而且是那样的柔和舒适,给人以春意盎然、置若仙境之感,难怪他不甘于寺庙的寂寞,却来陶醉于杏花雨、杨柳风之中。就在这大好春光中,志南和尚脱口吟出了一首春游即景《绝句》诗,"吹面不寒杨柳风"便是这首诗中的名句。

　　"吹面不寒杨柳风",这句写杨柳风吹面,不寒而宜人。作者把春风的柔和温暖描写殆尽,成为流传的名句。朱自清在散文《春》中写道:"'吹面不寒杨柳风',不错的,像母亲的手抚摸你。"

赤日炎炎似火烧,野田禾稻半枯焦

【名句】

chì rì yán yán sì huǒ shāo　yě tián hé dào bàn kū jiāo
赤　日　炎　炎　似　火　烧①,野　田　禾　稻　半　枯　焦②。

【出典】

施耐庵《水浒传》。

【注释】

①炎炎:势盛的样子。这里形容太阳的光焰炽热。
②野田:田野。禾稻:指庄稼。

【译文】

火红太阳当空照,天气热得像火烧。田里禾苗没水灌,大半干死已枯焦。

【原作】

赤日炎炎似火烧,野田禾稻半枯焦。农夫心里如汤煮,公子王孙把扇摇。

【作者小传】

施耐庵,元末明初小说家。生平及生卒年均不详。自明以来,《水浒传》一书关于作者的题署有罗贯中、施耐庵二人。近代多归之于施氏。自20世纪20年代以来,在江苏兴化地区陆续发现传为施耐庵的许多文物史料;80年代初,在兴化、大丰又发现一批有关文物。文化部和江苏省社会科学院先后组织过实地调查,对施生平形成如下轮廓:施名子安,字彦端,又字肇端,耐庵为其号。江苏兴化人,为施家桥、白驹镇一带施姓族祖。生于元,在元末动乱中迁居浙江,乱平以后回到故乡兴化。他曾拒绝张士诚的征聘,潜心撰写《江湖豪客传》,此书当即《水浒传》最初的用名。另有学者参证苏州博物馆存《顾丹午笔记·施耐庵》,及施耐庵所作诗、曲,概括其生平为:施,苏州人,生于元元贞二年(1296),至顺辛未进士,曾官钱塘二载,后与当道不合,复归苏州,及至正二年(1342),

张士诚据苏,拒其征聘,乃流寓江阴授馆,晚年迁兴化,卒于淮安(刘冬《施耐庵生平探考》等)。但均未成为定论。

宋末元初,山东、河北一带发生了严重的旱灾,老天爷一直不下雨,地上干得裂开了缝。六月里火红的太阳当空照着,大地干得冒烟,地面上闷热得像烈火在燃烧似的。由于天热干旱,田野里的禾苗已大半都枯焦死了。农夫们看到这种情况,心里焦急得像用开水在煮那样痛心和不安。那么,农夫们为什么这样焦急不安呢?因为庄稼是农夫的命根子。要是禾苗枯死,收不到粮食,地主还要逼债,那就更苦了。但是,那些公子王孙们,却安闲自得地摇着扇子在乘凉。农夫急,他们不急。在天热、干旱、禾苗半枯焦的灾害面前,农夫和公子王孙的态度形成了鲜明的对比。为了揭示农夫和公子王孙不同的生活态度和思想感情,反映封建社会两个阶级的对立,当时有人就把这种情况写了这首民歌。后来,施耐庵著的《水浒传》第十六回《杨志押送金银担,吴用智取生辰纲》中,白日鼠白胜也唱了这首民歌,"赤日炎炎似火烧,野田禾稻半枯焦"就是这首民歌中的名句。

"赤日炎炎似火烧,野田禾稻半枯焦。"这两句写旱情。当田野里农作物被酷烈的太阳晒得一半枯死的时候,农夫们忧虑今年的严重灾荒,心里焦急万分,好比火煎汤煮似的。句子的语言简单朴素,写出了劳动者的血泪,历来脍炙人口。

寸指不沾泥,鳞鳞居大厦

【名句】

cùn zhǐ bù zhān ní　lín lín jū dà shà
寸 指 不 沾 泥①,鳞鳞居大厦②。

【出典】

北宋梅尧臣《陶者》。

【注释】

①寸指:即双手。沾:因为接触而被东西附着上。

②鳞鳞:本来指鱼身上一片片挨着的鱼鳞,这里形容屋上的瓦片,像鱼鳞一样,一片片密密层层地紧挨着。居:住。厦:高大的房子。

【译文】

有些人十个手指尖尖,做砖瓦的泥土从不沾上半点;可是他们居住在高楼大厦上,瓦片像鱼鳞一样,盖得密密层层。

【原作】

陶尽门前土,屋上无片瓦。寸指不沾泥,鳞鳞居大厦。

【作者小传】

梅尧臣(1002~1060),北宋诗人。字圣俞。宣城(今安徽宣州)人。宣城古名宛陵,故世称宛陵先生。少时应进士不第,历任州县官属。中年后赐同进士出身,授国子监直讲,官至尚书都官员外郎。在北宋诗文革新运动中,梅与欧阳修、苏舜钦齐名,并称梅欧或苏梅。其早期诗歌创作,曾受西昆诗派影响,后诗风变化,强调《诗经》、《离骚》的传统,反对浮艳空泛。艺术上,注重诗歌的形象性、意境含蓄等特点,主张"状难写之景如在目前,含不尽之意见于言外"。所作多反映社会现实和民生疾苦,如《田家语》、《汝坟贫女》、《襄城对雪(之二)》、《猛虎行》等。诗风平淡含蓄,语言朴素自然,形象清切新颖,如《鲁山山行》,细腻地描写晚秋山间荒凉幽静的景致。此外"五更千里梦,残月一城鸡"(《梦后寄欧阳永叔》)等都是意新语工的写景佳句。但他为了矫正宋初诗坛靡丽之习,诗中不免流于质朴古硬,缺少文采,有过分议论化、散文化的倾向。他对宋代诗风的转变影响很大,刘克庄称其为宋诗的开山祖师。今存《宛陵先生集》六十卷,《拾遗》一卷,《附录》一卷。

北宋诗人梅尧臣,有一次乘船外出,跟同船的孙君孚、杜挺之等朝夕相处,

日常无事,除了聊天之外就是赋诗唱和。梅尧臣下笔很快,诗的内容、文字都很精美,孙、杜二人虽然也有诗才,但写出来的作品都比不上他。两人私下以为这是天赋的不同,未免有些灰心丧气。

不久,他们发现梅尧臣身边有个布袋,里面装着许多纸条。有时,他仔细观察沿途山光水色,有时则闭目思索,有时就低声吟咏。他常常拿出布袋中的纸条写些字,又放回去。

大家觉得很奇怪,想打开这个闷葫芦。有一次,他们乘梅尧臣离开船舱时,偷偷地拿过布袋,把纸条倒出来看。哟,纸条有好几百张,上面写的都是诗句,有的是一整首,有的只有半联,有的还不成句,还有许多字句改了又改。大家这才恍然大悟,原来梅尧臣写诗能挥笔立就、内容精彩,是不断观察事物、积累材料,同时不断提炼加工,才能达到的。

梅尧臣的诗质朴自然,有许多是反映社会矛盾和民生疾苦的。有一次,他看到烧瓦工人把自家门前的泥土都用来烧成瓦片,可是自己屋上却不见一片瓦,因为他们穷得只能住破草房。而那些连一点儿泥土都不碰的人,反而居住在明亮整齐的高楼大厦里。为此,梅尧臣深受感触,为了表达对劳动人民的深切同情,对那些不劳而获、养尊处优的封建统治者的抨击,于是挥笔写了《陶者》诗,"寸指不沾泥,鳞鳞居大厦",便是这首诗中的名句。

赏 析

"寸指不沾泥,鳞鳞居大厦。"这两句通过劳而不获的"陶者"跟不劳而获的"寸指不沾泥"的两种人的对比,又通过"无片瓦"的陋室跟"鳞鳞"大厦两种物的对比,构成了鲜明的反差画面。虽然这两句对这种现象没有什么评论,但通过这鲜明的对比,已经具体形象有力地揭露了当时封建社会的不合理现象,并深深感受到对"寸指不沾泥,鳞鳞居大厦"的封建统治者的愤恨。

春色满园关不住,一枝红杏出墙来

【名句】

chūn sè mǎn yuán guān bú zhù　yì zhī hóng xìng chū qiáng lái
春　色　满　园　关　不　住①,一　枝　红　杏　出　墙　来②。

【出典】

南宋叶绍翁《游园不值》。

【注释】

①关:锁关,关闭。
②红杏:红色的杏花。

【译文】

满园的春色怎么能够关得住,一枝红艳艳的杏花从园墙中伸了出来。

【原作】

应怜屐齿印苍苔,小扣柴扉久不开。春色满园关不住,一枝红杏出墙来。

【作者小传】

叶绍翁,南宋诗人。约生活于南宋宁宗、理宗时期。本姓李,祖籍建安(今属福建),后为叶氏后嗣,遂改姓。字嗣宗,号靖逸,居处州龙泉(今属浙江)。其学出于叶适,与真德秀、葛天民等善。所著《四朝闻见录》,补史传之缺。其诗长于绝句,写景尤工,"春色满园关不住,一枝红杏出墙来"(《游园不值》),为千古传诵的名句。有《靖逸小集》传世。

有一年早春,宋朝著名诗人叶绍翁,去朋友家游园赏花,可是偏不碰巧,园

31

主人不在家,大门紧锁着,进不了花园。这是多么扫兴啊!可是,大诗人叶绍翁却偏不这么想。他想:大概是园主人爱惜青苔,怕被别人踩踏才故意不开门的。此刻,大诗人就这样一边想着,一边在花园门外徘徊,猛然一抬头,看到一枝鲜红艳丽的杏花从墙头处伸出来。于是,大诗人惊喜地联想到,在那墙内,一定是繁花似锦的满园春色了。

这时候,大诗人叶绍翁从一枝鲜红艳丽的杏花中,感受到了那浓浓的春意。他不仅不因为未得进园而扫兴,反而心中充满了愉快,获得领会了一种深刻道理的满足。于是,他乘兴提笔,写了《游园不值》诗,"春色满园关不住,一枝红杏出墙来"便是这首诗中的名句。

"春色满园关不住,一枝红杏出墙来。"这两句传神地写出了关不住的春光。"春色满园关不住"中的"关不住"三字,照应了这首诗上句中的"久不开"。主人想用"久不开"来关住满园春色,这种做法是十分幼稚可笑的。为什么呢?"一枝红杏出墙来"回答了上面的问题。诗人从伸出墙来的这枝杏花,联想到园内姹紫嫣红的满园春色,心里还是感到无比的快慰。由此,他倍加深情地赞美那生气勃勃关不住的春色了。诗人用"出墙来"的"一枝红杏"来反衬墙内的"春色满园",如此以少胜多,构思精巧,耐人寻味。这两句说明了一个深刻道理:一切有生命的事物,是关不住的,禁不了的,它总是能冲破一切压迫、阻挠,茁壮成长。因此,"春色满园关不住,一枝红杏出墙来"这两句诗,也就成了古今传诵的名句,给新事物以热情的鼓舞和力量。

春风又绿江南岸,明月何时照我还

【名句】

chūn fēng yòu lǜ jiāng nán àn míng yuè hé shí zhào wǒ huán
春 风 又 绿 江 南 岸①,明 月 何 时 照 我 还②。

【出典】
北宋王安石《泊船瓜洲》。

【注释】
①绿:吹绿了。这里作动词用。
②还:回。指回到诗人在江苏南京钟山脚下的家里。

【译文】
春风又吹绿了长江南岸,明月什么时候照我回还?

【原作】
京口瓜洲一水间,钟山只隔数重山。春风又绿江南岸,明月何时照我还?

【作者小传】(见第6页)

北宋中期,随着统治者对民众剥削的加重,内外矛盾也急剧发展,部分中小地主阶级对现状改革的呼声愈来愈强烈,终于形成了一股势不可挡的潮流。1070年,刚刚登基的宋神宗任命革新派代表人物王安石为宰相,于是,变法运动就轰轰烈烈地展开了。

王安石执政后,很快便团结并提拔了一批积极主张改革的进步人士,大刀阔斧地对旧有的弊政进行改革,并且发布了"青苗法"、"免役法"等能迅速缓和社会矛盾、有利于促进经济发展的措施。

但好景不长,由于王安石变法触犯了大地主豪强阶层的各种利益,因此遭到了朝廷中保守派的强烈反对和攻击。他们明里暗里地攻击王安石,竭力破坏变法。从1073年起,天公亦不作美,北方各地连续三年发生旱灾,河北农民四处流亡,又给变法活动增添了相当的困难。于是,保守派借题发挥,乘机上书宋神宗,弹劾王安石,说什么因为实行了新法,所以老天爷降下了灾难,只有撤掉王安石,老天才会下雨。

最后,宋神宗动摇了。1074年7月,王安石终于被解除了宰相的职务。

王安石离京返回故居江宁(今江苏南京)钟山。他没有因被解职而有丝毫

的忧伤，一路上他看到了不少变法后出现的新景象，感到很高兴。他很想写一首诗抒发一下自己的心情。

船途经瓜洲，他凭舷眺望两岸的春景，一时灵感突发，不由口作了这首《泊船瓜洲》诗，"春风又绿江南岸，明月何时照我还"便是这首诗中的名句。

赏析

"春风又绿江南岸，明月何时照我还。"这两句表达了作者希望尽快辞官，返回钟山住所的殷切心情。其中，"春风又绿江南岸"，从字面上看，意思是一年一度的春风，又一次把长江南岸吹绿了。实际上，也寄托了作者希望变法改革成功的愿望。这句中的"绿"字，历来被人们用来作为修改文章、练字的范例。"绿"字在这句中是作动词用的，是"吹绿了"的意思。据宋代洪迈写的《容斋续笔》一书中说，有人收藏王安石这首诗的草稿，先后用过"到、过、入、满"等字，改了十多遍之后，最后选定用"绿"字。因为用这个"绿"字，能写出春风的神奇力量，使人们原本看不见的春风，转换成了看得见的碧绿艳丽的春色。而"明月何时照我还"从字面上看，意思是明月啊，你什么时候才能照着我回到家乡呢？这里进一步表达了诗人的思归之情。实际上，也蕴涵了作者想重返政坛，实现变法图强的政治抱负。

大风起兮云飞扬,威加海内兮归故乡

【名句】

dà fēng qǐ xī yún fēi yáng wēi jiā hǎi nèi xī guī gù xiāng
大 风 起 兮 云 飞 扬①,威 加 海 内 兮 归 故 乡②。

【出典】

西汉刘邦《大风歌》。

【注释】

①兮:相当现在的"啊"。
②威:威望、威权。加:施加。威加海内:威权施加于全国,就是统一了全国的意思。

【译文】

大风猛烈地吹刮,白云四处飘散;在声威遍及天下、万民臣服以后,我回到了养育我的故乡。

【原作】

大风起兮云飞扬,威加海内兮归故乡。安得猛士兮守四方!

【作者小传】

刘邦(前256或前247~前195),即汉高祖,字季。生于沛郡丰邑,现在江苏

丰县。他是中国历史上第一位布衣皇帝,刘邦"以布衣提三尺剑取天下",是中国历史上的一个传奇英雄。

刘邦性格豪爽、心怀高远,年轻的时候到咸阳游玩,看见秦始皇外出巡游盛大的场面,就喟然太息曰:"嗟乎,大丈夫当如此也!"

刘邦智术高明,知人善任,肯于纳言,是一位极具人格魅力的天才的领袖人物。刘邦把有经天纬地之才的张良、萧何、韩信等文人武士都招揽到自己旗下为自己效命。

刘邦有两首诗歌流传于世,《大风歌》和《鸿鹄歌》。这两首诗歌都写得大气磅礴。

汉高祖刘邦登上皇帝宝座以后,由于害怕有大功的开国元勋们造反,夺取汉家的天下,就大杀功臣。韩信、彭越先后被杀,淮南王英布被迫举兵造反,刘邦无将可遣,只得带兵亲征。

公元前196年初冬,他在平定英布的叛乱后回京。途中,他来到了自己的故乡江苏省沛县。刘邦起兵前,曾在沛县做过泗水亭长。如今做了皇帝,真可谓衣锦荣归。沛县的官吏为刘邦设好了行宫,沛县的百姓也扶老携幼,前来欢迎。刘邦在行宫大摆筵席,招待沛县的官吏和父老乡亲。同时,他又挑选了120名少年,来唱歌助兴。刘邦一时兴起,打着筑(古代一种乐器),信口唱出了著名的《大风歌》,"大风起兮云飞扬,威加海内兮归故乡"便是这首诗中的名句。

"大风起兮云飞扬,威加海内兮归故乡。"这两句诗气魄宏大,感情激越,气概非凡。它用自然界的大风和飞扬的白云来渲染壮阔的气氛,描绘了秦末农民大起义风起云涌的雄壮声势,表现了作者在统一天下后胜利返回故乡时流露出来的无限喜悦。后来,人们多吟诵这两句诗来表现自己取得了巨大成绩后,志得意满的感情。

对酒当歌,人生几何?譬如朝露,去日苦多

【名句】

duì jiǔ dāng gē　rén shēng jǐ hé　pì rú zhāo lù　qù rì kǔ duō
对 酒 当 歌①,人 生 几 何②?譬 如 朝 露③,去 日 苦 多④。

【出典】

东汉曹操《短歌行》。

【注释】

①当:义同"对"。
②几何:多少。
③朝露:早晨的露水。汉人常用来比喻人生短促。
④苦多:苦于太多。苦,患。

【译文】

　　面对着醇酒就应当引吭高歌,人生能有多少日子呢?就好像早晨的露水,瞬间即逝。唉!逝去的日子太多太多!

【原作】

　　对酒当歌,人生几何。譬如朝露,去日苦多。慨当以慷,忧思难忘。何以解忧,惟有杜康。青青子衿,悠悠我心。但为君故,沉吟至今。呦呦鹿鸣,食野之苹。我有嘉宾,鼓瑟吹笙。明明如月,何时可掇。忧从中来,不可断绝。越陌度阡,枉用相存。契阔谈宴,心念旧恩。月明星稀,乌鹊南飞。绕树三匝,何枝可依。山不厌高,水不厌深。周公吐哺,天下归心。

【作者小传】(见第1页)

· 37 ·

丞相曹操率领83万大军,号称100万,浩浩荡荡地出征东吴,下决心要一举歼灭孙权、刘备两个劲敌。

东吴的军队在周瑜指挥下,定下了利用东吴水军的优势击破曹军的策略。相峙数日后,周瑜和黄盖定下"苦肉计",把黄盖毒打一顿后派他去投降曹操,约定日期,率水军来投曹营。黄盖是江东名将,曹操十分高兴地等待黄盖的到来。

一天晚上,月色皎洁,曹操认为这次攻伐东吴,大势已定,便下令在大船木排上摆酒宴请诸将。数百名文武僚属,侍坐欢饮,两侧小船上鼓乐齐鸣。天上数点寒星,伴随着一轮明月。月光照射在江北岸边的树林上,惊起了一群乌鸦喜鹊,扑腾腾展翅南飞,有的在半空里转了个圈儿,又回到林梢上绕树而飞,仿佛在找它们的归巢。

曹操此刻酒已半醉,不觉诗兴大发。他本来文学修养很高,再加上当时景物壮阔、心情舒畅,便从侍卫手中接过一把铁槊(shuò,古代兵器长矛),提着走向船边,左手捻须,右手横槊,唱出了一首沉雄俊爽的四言诗《短歌行》,"对酒当歌,人生几何?譬如朝露,去日苦多"便是这首诗中的名句。

"对酒当歌,人生几何?譬如朝露,去日苦多。"这几句慨叹人生短促,光阴易逝,劝告人们要及时行乐,当然也含有珍惜时间的含义。它多少有一点儿消极之意。虽然这里流露出对人生无常的深沉喟叹,但表达的却不是听天由命、无所事事的消极思想,而是希望实现雄心壮志的紧迫感。

但得众生皆得饱,不辞羸病卧残阳

【名句】

dàn dé zhòng shēng jiē dé bǎo　bù cí léi bìng wò cán yáng
但　得　众　生　皆 得 饱①,不 辞 羸 病 卧 残 阳②。

38

【出典】
南宋李纲《病牛》。

【注释】
①但得:只要能使。众生:普天下的人。皆:都。
②不辞:不推辞。羸病:瘦弱有病。残阳:要落山的太阳。

【译文】
只要能使普天下的人都吃饱,即使耕田累得病倒在夕阳之下,也决不推辞。

【原作】
耕犁千亩实千箱,力尽筋疲谁复伤?但得众生皆得饱,不辞羸病卧残阳。

【作者小传】
李纲(1083~1140),南宋大臣、诗人。字伯纪,号梁溪,谥忠定。邵武(今福建邵武)人。李纲为唐宗室。历任监察御史兼权殿中侍御史、尚书右仆射兼中书侍郎。其诗文诗语颇拖沓,然亦有真率感人之作,如《病牛》即形象生动、意境高远。词作多为慢词,多抒其忠愤不平之气。《念奴娇·宪宗平淮西》等借昔讽今,深有感慨。著有《梁溪集》传世。

北宋末年,金人大举南侵。宋王朝内力主抵抗与妥协讲和的两派针锋相对。宰相李纲竭力主张抗金,他亲自率兵出征,收复被金兵占领的国土,但投降派势力一直对他进行诬陷。1128年,李纲终于被排挤出南宋朝廷,降职到了武昌。

李纲回顾自己一生坎坷的经历,心里十分郁闷。他觉得自己就像一头老牛,劳碌了几十年,筋疲力尽成了一头病牛。虽然不再被人重视,但自己还是满心希望普天之下的黎民百姓,都能吃饱肚子,过上安定的生活。虽然病牛卧在残阳下,似乎气息奄奄,但自己的信念不变,也不会放弃努力。

李纲常常想起前朝大诗人杜甫,对杜甫的爱国忧民的品质极为赞赏。一天,他在吟诵杜甫的名句"安得广厦千万间,大庇天下寒士俱欢颜"之后,抑制

不住内心长时间的不平,提起笔来,疾书了一首《病牛》诗,"但得众生皆得饱,不辞羸病卧残阳"就是这首诗中的名句。

赏析

"但得众生皆得饱,不辞羸病卧残阳。"这两句把牛人格化,以牛的口气说,只要能让大众百姓吃饱饭,即使自己干活病倒在残阳里,也心甘情愿。两个"得"字,一个"不辞",表明了态度的慷慨决绝。这两句语言朴素深沉,把病牛为了人们的温饱而任劳任怨甘愿献身的形象,刻画得十分感人。其实,这病牛正是诗人的化身。他借此说明,自己虽然一生抵抗金人入侵,处处为人民利益打算,最后却落得降职流放的结局。但是,只要对国家人民有利,即使像病牛一样累死也毫无怨言。

东风染尽三千顷,白鹭飞来无处停

【名句】

dōng fēng rǎn jìn sān qiān qǐng　bái lù fēi lái wú chù tíng
东　风　染　尽　三　千　顷①,白　鹭　飞　来　无　处　停②。

【出典】

南宋虞似良《横溪堂春晓》。

【注释】

①染:这里是说东风把秧苗吹成青绿色了。三千顷:形容刚插下的秧田面积大,无边无际。
②白鹭:一种水鸟名,又称鹭鸶(sī)。羽毛白色,腿细长,能涉水捕食鱼虾等。

【译文】

东风把刚插下的秧苗吹活,嫩绿的稻田无边无垠。白鹭鸟飞来在空中盘旋,不知在哪里可以歇脚暂停。

【原作】
一把青秧趁手青,轻烟漠漠雨冥冥。东风染尽三千顷,白鹭飞来无处停。

【作者小传】
虞似良,字仲房,祖籍余姚人。宋建炎初父官于台,遂居属黄岩横溪(今属温岭城南),自号横溪真逸,又号宝莲山人。其诗词清婉,得唐人旨趣。善篆隶,尤工隶书,家藏汉碑刻数千本,心摹手追,尽得旨趣,晚自成一家。

虞似良曾住在浙江省天台山附近的乡下农村,和农民们生活在一起,深知农民的喜怒哀乐,他是农民的知心朋友。

有一年黄梅季节,天色阴暗,诗人虞似良走到田野上看到农民们手握一把青嫩碧绿的秧苗,很快地把几棵秧苗插到水田里,由于气候湿润,秧苗在几天内很快地成活、返青了。这时候,笼罩在田野上的水气,如轻烟,似薄雾,濛濛的黄梅雨如牛毛般地纷纷扬扬地下着,这正是秧苗生长最适宜的气候。诗人看了近处农民们在辛勤插秧,他又放眼远看,在田野上,农民们插秧插得很快,秧苗的成活返青也很快。不多几天,广阔无垠的田野上,由于农民们勤劳灵巧的双手,竟把大地染成了一片青绿色。那宽广无边的水田把白鹭鸟吸引来了,可是它飞来以后,看到水田里已插满了秧苗,密密麻麻,连个落脚的地方也找不到了。秧苗长得青绿茂盛,正是春风又绿江南岸啊!

虞似良为了描绘江南农村插秧季节时的烟雨迷濛、秧苗生长旺盛的景象,也为了表达对农业生产的关心和对农村景色的赞美,于是,情不自禁地写了《横溪堂春晓》诗,"东风染尽三千顷,白鹭飞来无处停",便是这首诗中的名句。

"东风染尽三千顷,白鹭飞来无处停。"这两句是写景诗,描写了插秧季节烟雨迷濛秧苗旺盛的景象。其中"东风染尽三千顷"句中的"染"字,用得非常巧妙,把东风拟人化了。"东风",就是春风,在诗人眼里,这东风好像是一个神奇的魔术师,它一下子就把宽广无边的田野给染成了青绿色。这"东风"也可以理

解是农民们勤劳灵巧的双手,是他们的巧手把大地染绿了。"尽"是完的意思。"染尽"是每一个地方都染上了青绿色了。"三千顷"是极言面积之大,一碧千里,无边无垠。此外,"白鹭飞来无处停"中的"无处停"三字,照应了上句中的"尽"字。也有人认为白鹭看到田野一片青绿色,自知它的白色在这里找不到保护色,不敢停下,所以说"无处停"。

等闲识得东风面,万紫千红总是春

【名句】

děng xián shí dé dōng fēng miàn　wàn zǐ qiān hóng zǒng shì chūn
等　闲　识　得　东　风　面①,万　紫　千　红　总　是　春②。

【出典】

南宋朱熹《春日》。

【注释】

①等闲:随随便便,很容易。识得:看到,感觉到。东风:春风,春天。
②万紫千红:形容百花开放,色彩绚丽。指繁盛的春色。

【译文】

随随便便就能够受到春风的抚摸,张开眼看到处处是春天的美景。万紫千红的花朵开满枝头,都争着向人们报告春天的来临。

【原作】

胜日寻芳泗水滨,无边光景一时新。等闲识得东风面,万紫千红总是春。

【作者小传】

朱熹(1130~1200),南宋思想家、教育家、文学家。字元晦,一字仲晦,号晦庵、晦翁,又别称考亭、紫阳。祖籍徽州婺源(今属江西),生于南剑州尤溪(今属福建),后徙居建阳(今属福建)考亭。绍兴十八年(1148)进士,任泉州同安县主簿。后罢归请祠,监潭州南岳庙。孝宗即位,诏求直言,朱熹上书主战,反对和

议。淳熙五年(1178),知南康军,改提举浙东常平茶盐公事,提点江西刑狱公事,后又授秘阁修撰,奉外祠。光宗时,改知漳州,任秘阁修撰,主管南京鸿庆宫。宁宗时,授焕章阁待制、侍讲,随即以本职提举南京鸿庆宫。因得罪韩侂胄,落职罢祠,后乞致仕。谥"文",并加封信国公,后改徽国公。

朱熹是北宋以来理学思想之集大成者,孔子之后中国封建社会最大的思想家。以"天理"为其哲学的最高范畴,倡导"去人欲,存天理"。基于这一道德哲学,他对古代文化典籍重新作了系统整理与解释,以"思无邪"说《诗经》,以"忠君爱国"论屈原,文论上主张"文道合一"及"雍容和缓"、"自然浑成"、"平淡自摄"的艺术标准,反对"巧为安排"、"故作艰深"、"无一字无来处"。论历代作家颇有见地,自为诗文亦很有特色。文以平易畅达、说理缜密见长,诗则以吟咏情性、雍容和缓取胜。著有《四书章句集注》、《易本义》、《资治通鉴纲目》、《诗集传》、《楚辞集注》及后人编纂的《朱文公文集》、《朱子语类》等。

古代的一个春天,宋代著名理学家、大诗人朱熹,选择了一个大吉大利的好日子专程来到泗水(今山东省中部)之滨去游览观光,并瞻仰埋葬孔圣人的遗址,想探求一下孔子成为圣人的道理。当他到达那个风景秀丽的地方时,看到那无边无际的美丽动人景色,使他的心胸豁然开朗,耳目也为之一新。

朱熹在这次游览中最大的感受和收获是,认识到东风把生机盎然的春天带到了人间,促成了大自然一切生命的欣欣向荣。在这美好的春天中,诗人觉得只有东风才能把这大千世界装扮得万紫千红,如此瑰丽。这是东风对大自然中一切生物的无私奉献啊!诗人在欣慰之余,想起了春天的美好,想起了自由自在的生活,想起了东风的巨大威力,于是脱口吟出了脍炙人口的《春日》诗,"等闲识得东风面,万紫千红总是春",便是这首诗中的名句。

"等闲识得东风面,万紫千红总是春。"这两句描写春天野外风光。春光在哪里?春光最先来到田野上。是东风,吹开了百花,带来了无边春色。"等闲识得东风面"中的"等闲"二字,强调了春色随处都是,触觉感受到的是和煦的春

风,嗅闻到的是春天的气息,视觉看到的是百花齐放的春色,听觉听到的是婉转的莺啼鸟语。所以在春游踏春时,用不着花费什么力气就能感到、闻到、看到、听到春的存在,真是春满人间。此外,"万紫千红总是春"中的"总是",是总归是、全都是的意思,突出了在大地上,春色无处不在,春色无处不美丽。这两句非常准确地概括地反映了春色的特征,成为千古名句,常常被人用来形容一派生气勃勃的新气象。

风萧萧兮易水寒,壮士一去兮不复还

【名句】

fēng xiāo xiāo xī yì shuǐ hán　zhuàng shì yí qù xī bú fù huán
风　萧　萧　兮 易 水　寒①，壮　士 一 去 兮 不 复 还②。

【出典】

战国荆轲《易水歌》。

【注释】

①萧萧:风声。兮:语气词,相当于现在的"啊"。
②壮士:豪壮而勇敢的人。这里是荆轲自指。不复还:不再回来。因为前去刺杀秦王,无论是成功还是失败,活着回来的希望都很小。

【译文】

阵阵的冷风在吹啊,寒冷的易水在流。我这一去啊,就不再回来了。

【原作】

风萧萧兮易水寒,壮士一去兮不复还。

【作者小传】

荆轲(?～前227),战国末年卫国朝歌人。自幼刻苦学习,智勇双全,人称庆卿。后游燕国,被燕太子丹尊为上卿,人称荆卿、荆叔。

· 45 ·

公元前228年，秦王嬴政攻下赵都邯郸，危及燕国，燕太子丹派荆轲谋刺秦王。至秦国后，荆轲先把带来的珠宝送给秦王宠臣中庶子蒙嘉，通过蒙嘉帮助，得以约会秦王。一日，荆轲捧着樊於期(秦王的仇人)的头在前，勇士秦舞阳捧着图匣在后，进入咸阳宫见秦王。荆轲献头献图。秦王把敬献的地图徐徐展开，最后露出卷在地图里的毒药淬过的锋利匕首。荆轲冲过去握住匕首，向秦王刺去，未中反而被害。卫国淇人将荆轲葬于朝歌城南折胫河北岸，荆轲冢遗址尚存。

战国时期，秦王想独霸天下，派兵向燕国逼近，燕太子丹万分恐慌。流落到燕国的荆轲为了报答太子丹对自己的恩德，准备赴汤蹈火，刺杀秦王。怎样才能使秦王接见自己呢？他苦苦思索，终于想起了秦王的仇人樊於(wū)期。樊於期是秦国的将领，因得罪秦王，逃到燕国避难。秦王正用千金和一万户人口的封地买他的头。荆轲想，如果我将他的头和燕国督亢的地图一起献上，秦王必定会高兴地接见我，那时就有机会行刺了。于是荆轲前去拜访樊於期，把刺杀秦王的计谋告诉他。樊将军听了，激动而愤怒地说："这正是我日夜盼望的事啊，今天终于机会来啦！"说罢，拔剑自刎。荆轲将樊将军的头装入木匣封好，又将一把有毒的匕首藏在卷起的地图里，与太子丹商定了启程的日子。

出发那天，太子丹和了解内情的朋友都穿着白衣、戴着白帽，来到易水边送行。大家迎着刺骨的寒风，心情异常沉重。这时，高渐离在岸边敲起竹制的乐器，荆轲和着乐声高声唱《易水歌》，"风萧萧兮易水寒，壮士一去兮不复还"就是这首诗中的名句。

"风萧萧兮易水寒，壮士一去兮不复还。"这两句是战国时著名刺客荆轲渡易水、赴秦都，为燕太子丹刺秦王临行前所唱的诀别歌，虽只短短两句，却悲慨激昂，为世人所传。句中即景抒情，用萧萧凛冽的北风和寒冷的易水起兴，衬托壮士一去不复返的诀别之情，使人们感到悲壮。其中第二句突出了一去不归的严峻事实，更使人压抑沉痛，从而荡人心弦，收到了强烈的感人效果。

粉骨碎身全不怕,要留清白在人间

【名句】

fěn gǔ suì shēn quán bú pà　yào liú qīng bái zài rén jiān
粉 骨 碎 身 全 不 怕①,要 留 清 白 在 人 间②。

【出典】

明于谦《石灰吟》。

【注释】

①粉骨碎身:把骨头磨成粉,把身体敲成碎块。形容石灰毁坏了自己的身体。有的书上也写作"粉身碎骨",意思相同。全:都,全部。有的书上这儿用"浑"字,意思相同。
②清白:是指石灰洁白的颜色。这里还含有象征人高洁的品质。

【译文】

粉骨碎身也全然不怕,要把清白名声留世间。

【原作】

千锤万击出深山,烈火焚烧若等闲。粉骨碎身全不怕,要留清白在人间。

【作者小传】

于谦(1398~1457),明政治家、诗文家。字廷益,号节庵。钱塘(今浙江杭州)人。永乐十九年(1421)进士。宣德初授御史迁兵部右侍郎,巡抚河南、山西。正统末为兵部左侍郎。"土木之变",英宗北狩,郕王监国。瓦剌进逼北京,朝臣多有主迁都南京者,于谦力折其议。景帝命以兵部尚书提督军马,击退进犯之敌,以功加少保,总督军务。英宗复辟,石亨等人指控于谦拟迎立襄王之子,被杀害。成化初,复其官职赐祭,谥肃愍。万历年间改谥忠肃。其诗"风格遒上,兴象深远;虽志存开济,未尝于吟咏求工,而品格乃转出文士上,亦足见其才之无施不可矣"。如《石灰吟》、《出塞》、《北风吹》等,都是历来传诵的名作。其文主要是

奏议,叙事条畅明洁,不枝不蔓。著有《于忠肃集》(或题《于肃愍集》)。

　　明朝正统十四年(1449),蒙古瓦剌部的首领也先率领大军南侵。明英宗在当权宦官王振的挟持下,亲自出征。明军在土木堡(今河北怀来西)被敌军重重包围,仓促应战,全军覆没,死伤数十万人。明英宗做了俘虏,王振也在乱军中被杀。也先得胜以后,继续向北京进犯。

　　土木堡大败的消息很快传到了明朝的京城北京。朝廷中人心惶惶,乱成一团。皇太后和留守京城的郕(chéng)王朱祁钰(yù)召集群臣商议。有个大臣竟提出向南逃跑,把京城搬到南方去。他说:

　　"根据天象的变化,京城应该搬到南方。"

　　当时,于谦正在朝廷担任兵部侍郎。他大声反对说:

　　"提出京城向南搬迁的,这人应该杀头。京城是天下的根本,只要一动,大事就完蛋了。大家难道忘记了宋朝南渡的祸害吗?如今只有马上调集四方军队,誓死保卫京城!"

　　于谦这一主张,得到了许多大臣的认可。于是,郕王就把守城抗敌的任务,全部交给了于谦,并任命他为兵部尚书。

　　明英宗被俘以后,于谦认为必须另立皇帝,以安定人心。他明确提出了"社稷(指国家)为重,君为轻"的口号,奏请皇太后让郕王做皇帝。不久,郕王就正式即位,他就是明景帝。这一来,明朝政局也更加稳定了。

　　于谦为了抵抗瓦剌,日夜操劳,布置防务。当瓦剌军攻打北京时,于谦亲临战场,指挥明军,在德胜门处迎击。经过五天的英勇战斗,瓦剌军死伤很多,被迫撤退了。

　　瓦剌军退走后,于谦继续大力加强边防,防止瓦剌军再次侵犯。也先见明军防守严密,无隙可乘,最后只得释放明英宗。

　　于谦在抵抗瓦剌的战争中,虽然立了大功,但他绝口不提自己的功劳。他生活非常俭朴,住的房子也非常简陋,仅能遮蔽风雨。明景帝赏赐他一所房子,他再三推辞,说:

　　"国家多灾多难,我怎敢自己住得很安逸。"

　　于谦推辞多次,因为景帝不答应,方才接受下来。他把景帝赏赐的衣袍等物品,全部封存,一件也没有动用。

过了几年,明景帝得了重病。明英宗乘机复辟,重新登上皇位。英宗上台以后,立刻捏造了一个罪名,把于谦杀害了。

于谦死后,他的家族被发配到边地充军,家产也被没收。查抄他的家财时,抄家人发现于谦并没有多余的钱财,只有一些书籍。他们看到有个房间封锁得很严密,打开一看,原来里面放着的全是当年景帝赏赐的衣袍等物品。人们知道后,没有一个人不吃惊的。

于谦青年时,就立志献身祖国,为国家干一番事业。他19岁那年,曾经借吟咏石灰,表达自己不畏艰险,不惜牺牲的爱国精神和清白做人的坦荡胸怀,这就是《石灰吟》诗,"粉骨碎身全不怕,要留清白在人间",便是这首诗中的名句。

"粉骨碎身全不怕,要留清白在人间。"这两句是借助咏叹石灰来表达一种视死如归,留名青史的志向。"粉骨碎身全不怕"句中"全不怕"三字,反映了石灰具有不怕牺牲的献身精神。为什么石灰能不怕烈火焚烧,又不怕粉骨碎身呢?是因为"要留清白在人间",这是多么高尚的志向啊!现在,人们常用"粉骨碎身全不怕,要留清白在人间"这两句诗,来赞美那些不屈服于暴力的、顶天立地的人或为国家的事业视死如归的革命者。

古道西风瘦马，夕阳西下，断肠人在天涯

【名句】

gǔ dào xī fēng shòu mǎ　xī yáng xī xià　duàn cháng rén zài tiān yá
古道西风瘦马①。夕阳西下，断肠人在天涯②。

【出典】

元马致远《天净沙·秋思》。

【注释】

①古道：古老荒凉的道路。西风：指秋风。
②断肠人：心情悲伤的人。天涯：天边，指远离家乡的地方。

【译文】

阵阵秋风之中，一个孤苦的旅客，骑着一匹瘦马，在古老荒凉的道路上走着。这时太阳快要落山了，远离家乡的人心里是多么悲伤啊！

【原作】

枯藤老树昏鸦，小桥流水人家，古道西风瘦马。夕阳西下，断肠人在天涯。

【作者小传】

马致远（约1250~约1324），元曲作家。号东篱，大都（今北京）人，曾任江浙行省官吏，生平事迹不详。从他的散曲作品中，约略可以知道，他年轻时热衷功

名,有"佐国心,拿云手"的政治抱负,但一直没能实现,在经过了"二十年漂泊生涯"之后,他参透了人生的宠辱,遂有退隐林泉的念头,晚年过着"林间友"、"世外客"的闲适生活。马致远早年即参加了杂剧创作,加入过"书会",与文士王伯成、李时中、艺人花李郎、红字李二都有交往。所作杂剧15种,今存《汉宫秋》、《岳阳楼》、《荐福碑》、《青衫泪》、《陈抟高卧》、《任风子》及与人合作之《黄粱梦》七种;残曲《误入桃源》一种,见《元人杂剧钩沉》;其余《酒德颂》、《马丹阳》、《戚夫人》、《斋后钟》、《岁寒亭》、《孟浩然》、《踏雪寻梅》七种皆佚。

马致远与关汉卿、郑光祖、白朴并称为"元曲四大家"。他的杂剧受到当时人的推重,以致有"曲状元"之誉。其杂剧或写历史兴亡之爱国主题,或写士人怀才不遇之劳愁困顿,多数则写隐居乐道、神仙道化以寄孤愤。散曲多写景纪行、叹世归隐之作。风格皆豪放清逸。马致远的作品具有浓厚的感情色彩,反映出元代相当一部分儒生的痛苦和期待,常常能引起文人的共鸣;他的曲词又有文辞优美、贴切动人的特点,因此,他的剧作在明清两代很有影响。马致远是元代散曲大家,今存散曲约130多首。他的写景作如《秋思》,如诗如画,余韵无穷;他的叹世之作也能挥洒淋漓地表达性情;他在元代散曲作家中,被看做是"豪放"派的主将,虽也有清婉的作品,但以疏宕宏放为主;他的语言熔诗词与口语为一炉,创造了曲的独特意境。

马致远生活在宋末元初,亲眼目睹了宋朝被蒙古军队灭亡的情景。那时战争不断,百姓奔逃,流离失所,无家可归,不少的读书人随着宋军向南撤退,马致远那时还很年轻,也随着宋军南下,希望为挽救宋朝出一点儿力,但未能做到。他又当过金朝的臣民,后来在元朝做过几年小官,到处漂泊。他对元朝统治者心怀不满,想反抗却无能为力。壮年的时候,他满怀豪情,常常在所写的散曲中发出慷慨悲壮的声音,但是黑暗的现实使这个读书人没有一点儿施展抱负的机会,他内心感到十分痛苦。对天呼喊"困煞中原一布衣"。到了晚年,他的豪情壮志被残酷的现实磨灭尽了,慢慢地对人间的一切都看得十分凄凉,他希望过隐士生活,不再卷入种种烦恼之中。

有一年,当秋风吹起,满地落叶黄花的时候,马致远仿佛看见一个远离故乡、漂泊在外悲苦的人,骑着一匹瘦马在没有人迹的小路上走着,看不到美丽

动人的景色,只有几株老树,树身缠着枯藤,乌鸦时而发出难听的叫声,路边偶尔有一条小溪、一座木桥、三两间茅草小屋。此刻,太阳已经偏西,天色已渐渐黑暗,然而这个孤独的人还在走着、走着……他不知道今晚将住宿在何处!

想到这里,马致远提起沉重的笔,写下了极为有名的《天净沙·秋思》,"古道西风瘦马。夕阳西下,断肠人在天涯"便是这首散曲中的名句。

"古道西风瘦马。夕阳西下,断肠人在天涯。"这几句把荒凉的道路、寒冷的西风、将落的太阳这些自然景物组织起来,渲染了深秋傍晚的荒凉气氛,反映了古代远离家乡的人在秋天思乡的感情。虽然情调低沉一些,但意境却是很美的,做到了诗中有画,在艺术上有独到之处,得到后人的一致称道。

苟利国家生死以,岂因祸福避趋之

【名句】
gǒu lì guó jiā shēng sǐ yǐ, qǐ yīn huò fú bì qū zhī
苟利国家生死以①,岂因祸福避趋之②。

【出典】
清林则徐《赴戍登程口占示家人》。

【注释】
①苟:如果。以:用,引申为献出。
②岂:难道。趋:赴,引申为迎受意。

【译文】
只要有利于国家,我会不顾个人生死,全力以赴;我怎么能遇到祸患就远远避开,遇到对自己有利的事就上前争夺呢?

【原作】

力微任重久神疲,再竭衰庸定不支。苟利国家生死以,岂因祸福避趋之。谪居正是君恩厚,养拙刚于戍卒宜。戏与山妻谈故事,试吟断送老头皮。

【作者小传】

林则徐(1785~1850),清代政治家、文学家。字元抚、少穆,号石麟、俟村老人。福建侯官(今闽侯)人。嘉庆十六年(1811)进士。选庶吉士,授编修,历官御史、浙江盐运使、河东河道总督、江苏巡抚、湖广总督。道光十八年(1838),授钦差大臣,赴广东查禁鸦片;二十年(1840)任两广总督、鸦片战争爆发,痛击来犯之英军。受投降派诬害,被革职谪戍伊犁。后召回为陕西巡抚,升云贵总督。因病辞归。咸丰元年(1851),授钦差大臣赴广西督理军务,病卒潮州途中。谥文忠。从事诗歌创作很早,嘉庆后期,在京曾参加"宣南诗社",征集酬唱,多为消闲遣兴之作。在广东及谪戍所作,多郁勃苍凉之气。亦工词,有可当词史之作。著有《云左山房诗钞》,词附集中,今人增校重编为《林则徐诗集》。

林则徐是清代末年坚决的禁烟派、爱国的政治家。

1839年,他在广东严令英美烟贩缴出鸦片237万斤,在虎门当众销毁,威震中外。此后,他大力巩固海防,组织民众自卫武装,屡次挫败英帝国主义的武装挑衅。

但是,道光皇帝被英军的兵舰大炮吓破了胆,投降派乘机诬陷林则徐,他不但被革职,1842年又被流放新疆,充军伊犁。

林则徐从西安出发赴伊犁时,夫人和门生置酒为他送行。伊犁路途遥远,非常偏僻,不知此去是吉是凶。58岁的林则徐这几年来为国事奔走,已经精疲力竭,而无中生有的诬陷和谗害又使他受尽折磨。因此,林夫人在席上不免黯然神伤,泪下沾襟,只怕这回与丈夫分手就是死别了。

林则徐却很坦然,庄重地说:"此次分别,不同寻常,然而也无须过于悲伤。我来吟一首诗作为分别的纪念吧。"

他即席朗吟了一首《赴戍登程口占示家人》诗,"苟利国家生死以,岂因祸福避趋之",便是这首诗中的名句。

"苟利国家生死以,岂因祸福避趋之。"这两句以工整的对仗和典故的运用,表现了为国家不顾生死的崇高情怀,说明林则徐决心把个人的生死、祸福等等都置之度外,唯一的只服从国家的利益。这是他掷地作金石声的铮铮誓言,是充满了浩然正气的不朽名句。

H

河汉清且浅,相去复几许?
盈盈一水间,脉脉不得语

【名句】

hé hàn qīng qiě qiǎn xiāng qù fù jǐ xǔ　yíng yíng yì shuǐ jiān　mò mò
河 汉 清 且 浅, 相 去 复 几 许①? 盈 盈 一 水 间②,脉 脉

bù dé yǔ
不 得 语③。

【出典】

东汉无名氏《古诗十九首·迢迢牵牛星》。

【注释】

①相去:相离,相距。几许:多少,这里是多远的意思。
②盈盈:形容水光轻盈。
③脉脉:含情注视的样子。

【译文】

银河清澈而且很浅,南北两岸又会距离多远?就是这样一条水光轻盈的银河挡在中间,不能互通言语,只能含情脉脉地凝视着银河的南岸。

【原作】

迢迢牵牛星,皎皎河汉女。纤纤擢素手,札札弄机杼。终日不成章,泣涕零

55

如雨。河汉清且浅,相去复几许?盈盈一水间,脉脉不得语。

【作者小传】

《古诗十九首》,东汉无名氏作,因其篇数而得名。作品熔叙事、写景、抒情为一炉,形成曲尽衷情而又委婉动人的独特风格。特别是语言皆五言句,平易质朴,不假修饰,如肺腑中自然流出;又善于抓住细节表现心理活动,具有自然美与整体美,不乏乐府民歌的特色。其中的游子诗多用感兴手法,寓意深长,耐人寻味;而思妇诗意在动人,故形象鲜明,感情含蓄。它标志着五言诗歌已由以叙事为主的乐府民歌发展到以抒情为主的文人独创阶段。

牛郎从小就没了爹娘,跟着哥哥、嫂子过日子。后来,牛郎长大了,哥哥、嫂子给了他一头牛,把他赶出了家门。

牛郎和老牛住在树林里。一天,老牛忽然开口说话了:"有一群仙女正在湖中洗澡,你赶快去捡岸边的一件纱衣,然后躲起来。上岸后找不到衣服的那个仙女就是你的妻子。你可别错过机会啊!"

牛郎跑到湖边,从一堆云锦般的衣服中,拿了一件又轻又薄的紫色纱衣,转身躲进林子里。过了一会儿,仙女们洗完澡,纷纷穿上衣服,飘然而去。最后只剩下一个美丽的姑娘,急得满脸通红,在岸上东寻西找。牛郎走过来,扬扬手中的纱衣:"别找了,在这儿呢!"仙女一见,高兴极了!两人坐在湖边交谈起来。牛郎一五一十地把自己的悲惨身世说了一遍,仙女很同情他,暗暗地喜欢上了这个诚恳朴实的小伙子。她告诉牛郎,自己是天帝的女儿,名字叫织女,能织得一手好彩锦。

织女和牛郎在一起生活,不再回到天上去了。天帝知道了,很是恼火,派了天兵天将把织女抓了回去。那天,牛郎拼命追赶,眼看快要追上时,面前突然出现了一条宽阔的天河,把牛郎、织女隔在两岸。从此,他们就不能再团聚了。

《古诗十九首》的作者,为了描绘牛郎思念织女,而两人只能隔着银河相望却不得团聚而写下了《迢迢牵牛星》这首诗,"河汉清且浅,相去复几许?盈盈一水间,脉脉不得语"就是这首诗中的名句。

赏析

"河汉清且浅,相去复几许?盈盈一水间,脉脉不得语。"这几句诗借用牛郎织女的传说故事,通过描写被银河阻隔不能与牵牛星相见的织女星无心纺织,悲伤度日的情景,以及对织女含情凝望、苦苦相思的凄凉内心的展示,表现了世间天各一方的夫妻们的愁怨与哀伤,抒发了他们无尽的离别相思之情。这几句诗着眼一个"望"字,描写织女星隔河凝视、含情脉脉而不得晤面的情景,寄寓了作者咫尺天涯的深沉慨叹。

黄梅时节家家雨,青草池塘处处蛙

【名句】

huáng méi shí jié jiā jiā yǔ　qīng cǎo chí táng chù chù wā
　黄　梅 时 节 家 家 雨①,青　草 池 塘　处 处 蛙。

【出典】

南宋赵师秀《约客》。

【注释】

①黄梅时节:长江以南立夏后进入阴雨连绵季节,约40天,叫做黄梅天。黄梅,梅子。

【译文】

黄梅时节阴雨连绵不断,池塘边的青草丛中到处有青蛙在叫唱。

【原作】

黄梅时节家家雨,青草池塘处处蛙。有约不来过夜半,闲敲棋子落灯花。

【作者小传】

赵师秀(1170~1219),南宋诗人。字紫芝,号灵秀,又号天乐。永嘉(今浙江

温州)人。宋太祖八世孙,光宗绍熙元年(1190)进士。浮沉州县,宁宗庆元元年(1195)任上元主簿,终高安推官。为"永嘉四灵"之一,其诗学晚唐贾岛、姚合,曾编选二人诗为《二妙集》。今存诗140余首,专以炼字炼句为工,其诗多野逸清瘦。有《清苑斋集》传世。

有一年黄梅季节,南宋诗人赵师秀等待朋友下棋,而棋友却迟迟不来。于是,他走到自家大门口翘首以望。可是,出现在田野里的,是梅雨淋淋,无休无歇;棋友来时所必须经过的那个长满青草的池塘,青蛙的叫声此呼彼应,不绝于耳。

诗人赵师秀和棋友事先已约定今晚对弈,但对方却没有遵约而来。这时,诗人的棋兴仍丝毫未减。于是,他就耐心地、一个劲地等下去,以至于到了后半夜还在等。他边等边剔亮油灯,独自对着棋盘。不知什么时候,油灯结出了灯花;又不知什么时候,诗人百无聊赖地敲着棋子。忽然,灯花在棋子敲击的震动下脱落,他才发现,又过了不少时候。在等待棋友的焦急、寂寞之中,不禁诗兴大发,一首夜等棋友的七言绝句《约客》,自然地从肺腑中流了出来。"黄梅时节家家雨,青草池塘处处蛙",便是这首诗中的名句。

"黄梅时节家家雨,青草池塘处处蛙。"这两句诗人抓住江南初夏的特征,描绘得逼真形象,常被用来形容江南黄梅雨季清新可爱的景色。句中以"家家雨"、"处处蛙"的叠词形式,写得似闹而实静,明快而清新,给人以清幽的感觉。

好水好山看不足,马蹄催趁月明归

【名句】

hǎo shuǐ hǎo shān kàn bù zú　mǎ tí cuī chèn yuè míng guī
好 水 好 山 看 不 足①,马 蹄 催 趁 月 明 归②。

【出典】

南宋岳飞《池州翠微亭》。

【注释】

①看不足:看不够,看不尽,看不厌。
②趁月:踏着月光。

【译文】

祖国的锦绣河山多么壮美,令人陶醉让我入迷。时间晚了月亮已经高高升起,我骑马踏月回去时还临别依依。

【原作】

经年尘土满征衣,特特寻芳上翠微。好水好山看不足,马蹄催趁月明归。

【作者小传】

岳飞(1103~1142),字鹏举。相州汤阴(今属河南)人。宋徽宗宣和四年(1122),应募从军。英勇善战,屡建奇功,官至太尉、少保,河南、河北诸路招讨使,枢密副使等,封武昌郡开国公。后以坚持抗金,反对和议,为秦桧等以"莫须有"罪名所陷,囚大理寺狱死。孝宗淳熙六年(1179),追谥武穆;宁宗嘉定四年(1211),追封鄂王;理宗淳祐六年(1246),改谥忠武。岳飞精忠报国,武略超人,在文学上亦颇有成就。后人编有《岳忠武王文集》八卷,存文160余篇,《南京上高宗书略》、《奏乞出师札子》、《五岳祠盟记》等,激情磅礴,文辞刚劲。诗存10余首,《送紫岩张先生北伐》、《题新淦萧寺壁》等,格调高昂,一如其文。词存三首,尤以《满江红》(怒发冲冠)最为著名。

宋朝抗金英雄岳飞,自"靖康(1126)之耻"徽、钦二帝被俘后不久,开始了他的军旅生涯。在紧张的战斗中,竟无暇脱下沾满尘土的征衣。转战千里,血肉相搏,现在有幸来到安徽池县的池州翠微亭。这是一个风景非常秀丽的地方,他怎么不游览、饱赏那里久负盛名的美景呢?为此,他兴冲冲地登上了翠微亭,举目远眺附近的大好风光。但是,尽管他对这里的好水好山

读故事·学古诗名句

十分留恋,但更重要的是军务在身——祖国的半壁河山还未收复,千百万老百姓尚在敌人的铁蹄之下蒙受苦难,他怎么能忘记自己肩负的重大责任而贪恋游山玩水呢?

于是,他只好踏着皎洁的月光,连夜回归军营去了。

当岳飞回到军营,遥望白天的游览胜地,内心十分激动,他夜不能寐,欣然命笔,写下了这首览游名胜之作《池州翠微亭》诗,"好水好山看不足,马蹄催趁月明归",便是这首诗中的名句。

"好水好山看不足,马蹄催趁月明归。"这两句表现了诗人在战争频繁之际,在形势严峻的岁月里,借景言志,展现出一位驰骋疆场、为国征战的将军形象。"好水好山看不足"中的"看不足"三字,生动地表达了作者的爱国热情。而"马蹄催趁月明归"中的一个"催"字,反映出作者当时急于回军营的心情,因为看到了好水好山,更感到自己肩上担子之重,得赶快回到军中,准备投入新的战斗。此外,这两句简单而意思明白,不加任何词句上的雕琢,却把发自肺腑的情感表现了出来,让人真实地看见一个长年征战的"儒将"形象。

黑云翻墨未遮山,白雨跳珠乱入船

【名句】

hēi yún fān mò wèi zhē shān　bái yǔ tiào zhū luàn rù chuán
黑 云 翻 墨 未 遮 山 ①,白 雨 跳 珠 乱 入 船 ②。

【出典】

北宋苏轼《望湖楼醉书》。

【注释】

①黑云:即乌黑的云。翻墨:打翻的墨汁。

·60·

②白雨：指阵雨。与乌云相比，雨点成白色了。跳珠：跳动的珍珠，这里比喻雨点下得很急，落下来乱蹦乱跳的样子。

【译文】
黑云如墨汁打翻却不能遮住青山，白亮的雨滴像珍珠纷乱地溅进木船。

【原作】
黑云翻墨未遮山，白雨跳珠乱入船。卷地风来忽吹散，望湖楼下水如天。

【作者小传】（见第10页）

1072年，苏轼在杭州任通判。他把杭州视为自己的第二故乡。苏轼的家乡四川眉州的自然风光是够美的了，但是与杭州西湖比较起来就稍逊一筹了。他一到杭州就写道："故乡无此好湖山。"

这年六月二十七日，苏轼游历西湖。西湖天晴的时候，水面上粼粼碧波，分外好看；下雨的时候，山林中景色隐约，尤为奇观；如果把西湖和西施相比，无论怎样打扮都是那样美好。当时，诗人苏轼坐在船上，船正好划到望湖楼下。忽见远处天边涌起一片黑云，就像泼翻了的一盆墨汁，半边天空霎时昏暗。这片黑云不偏不倚，直向湖面奔来，一眨眼工夫，便泼下一场倾盆大雨。只见湖面上溅起无数小花，那雨点足有黄豆粒大小，纷纷地打到船上来，就像天老爷把千万颗珍珠一齐撒下，顿时船篷船板上只听得一片乒乓之声。这时候，船上有人竟吓慌了，拼命地嚷着要船靠岸。可是，大诗人苏轼放眼朝远处一看，天边依然映着阳光，凭他看云识天气的经验知道，这不过是一场过眼云雨，雨马上会停下来的。天气的变化和大诗人的料想是一致的。果然，这片黑云顺着风势吹来，也顺着风势移去，一会儿工夫，雨过天晴，依旧是一片平静。水映着天，天照着水，碧波如镜，又是一派温柔明媚的风光。

这时候，苏轼在船上看到眼前奇妙的湖光山色，上岸后又信步到望湖楼上醉酒，不觉心潮起伏，于是铺纸磨墨，挥笔疾书了《望湖楼醉书》诗，"黑云翻墨未遮山，白雨跳珠乱入船"便是这首诗中的名句。

赏析

"黑云翻墨未遮山,白雨跳珠乱入船。"这两句写杭州西湖夏天的暴雨,在一刹那间,乌云密布,骤雨急降。"黑云翻墨未遮山",描写天空中乌云翻滚,像天老爷打翻了墨汁,劈头盖脑地压下来,一下子变得天昏地暗,可是还没来得及把西湖周围的所有青山遮盖住。一个"翻"字,突出了乌云来势之快。而"白雨跳珠乱入船",描述一阵骤雨落在湖面上,溅起无数的水珠,像珍珠一样,到处乱蹦乱跳,有的还跳进船舱里。句中的"乱、跳"二字,突出了雨点的大与密。这句与上句中的"未遮山"联系起来,就写出了夏天阵雨来势迅猛的特点。这两句中的"黑云"与"白雨"对仗工整,而且把天上的云与雨珠的色彩对比描绘得夸张而又生动。

羁鸟恋旧林,池鱼思故渊

【名句】

jī niǎo liàn jiù lín　chí yú sī gù yuān
羁　鸟　恋　旧　林①,池 鱼 思 故　渊②。

【出典】

东晋陶渊明《归园田居(一)》。

【注释】

①羁鸟:被束缚在笼中的鸟。旧林:昔日自由飞翔的树林。
②故渊:以前宽广的江湖。

【译文】

被束缚在笼子里的鸟儿,总是眷恋着昔日自由飞翔的丛林;被饲养在池塘里的鱼儿,总是思念以前宽广的江湖。

【原作】

少无适俗韵,性本爱丘山。误落尘网中,一去三十年。羁鸟恋旧林,池鱼思故渊。开荒南野际,守拙归园田。方宅十余亩,草屋八九间。榆柳荫后檐,桃李罗堂前。暧暧远人村,依依墟里烟。狗吠深巷中,鸡鸣桑树巅。户庭无尘杂,虚室有余闲。久在樊笼里,复得返自然。

【作者小传】(见第16页)

陶渊明从小爱好诗书,不慕名利,读了许多古代名著,每当有了一点儿心得体会,就高兴得连吃饭都会忘记。他常写诗作文,叙说自己的志向,希望将来干一番事业。

可是,晋朝末年是个非常黑暗动荡的年代,内乱连年,人民困苦,官场上勾心斗角,十分腐败。陶渊明虽然是东晋开国元勋、官任八州都督陶侃的后代,这时却已家道中落,他又不愿和官场中的贪官污吏同流合污,因此在二十多岁时便做了一篇《五柳先生传》,说"宅边有五柳树,因以为号(称号)",来寄托自己的理想和志趣。

陶渊明在41岁前,曾经好几次出外做官,主要由于家穷,无法供养老母和子女。但每次都因不满官场的黑暗腐朽,不多久就辞官返乡。

41岁那年他当了彭泽县令,这一回干了八十多天,是做官日子比较长的一次了。就在这些日子里,上司经常来下命令,不是催陶渊明向百姓征收军粮,就是要他摊派百姓出苦差。百姓的血汗早就给官府榨干了,哪里还负担得起呢?陶渊明心里非常痛苦,但还是硬着头皮挨日子,因为他希望明年官仓里的粮食有了收获以后(这也是他做官的薪俸),再辞官回家。

十一月的一天,陶渊明正在办理公事,县吏向他报告,郡里来了督邮。督邮是郡里长官的代表,前来督察各县公务,极有权势,谁得罪了他就要倒霉。陶渊明却只是随口答应了一声。县吏赶紧提醒他,应该穿上官服去恭迎,向督邮致敬,不能疏忽大意。

这时候,陶渊明猛然站起身,气愤地说:"我不能为五斗米折腰,毕恭毕敬地去伺候这种乡里小人!"

他断然决定,当天便交出印信辞去官职,于是吩咐差吏替他收拾行李,明天一早动身回乡种田。

这天晚上,他怀着摆脱官吏生活的兴奋心情,不住地念叨着:"归去啊,归去啊,家里的园地就要荒芜了,为什么还不归去?"想念着怎样安排今后的生活。

回家后不多久,他便写了《归园田居》诗,"羁鸟恋旧林,池鱼思故渊"便是这首诗中的名句。

· 64 ·

赏析

"羁鸟恋旧林,池鱼思故渊。"这两句写陶渊明生来酷爱田野和丘山。可是却错误地落进了官场的罗网,正像笼中的鸟儿思恋旧时栖息的密林,池中的鱼儿想念过去嬉游的深渊。诗人陶渊明把仕途比作"尘网"、"樊笼"。当他在仕途中有不顺心的时候,于是他少年时代忘情于山水田园的生活就不断地在他的回忆中、梦寐中出现,呼唤着他,于是,也就有"羁鸟"、"池鱼"之感。后人常用这两句诗来表现失去自由的人渴望自由的心情。

近水楼台先得月,向阳花木易为春

【名句】

jìn shuǐ lóu tái xiān dé yuè　xiàng yáng huā mù yì wéi chūn
近 水 楼 台 先 得 月①,向 阳 花 木 易 为 春②。

【出典】

北宋苏麟《有感》。

【注释】

①先得月:先得到月光。
②易为春:容易繁茂。

【译文】

水边楼台先得到月色的照耀,南面向着阳光的花木容易萌芽开花。

【原作】

近水楼台先得月,向阳花木易为春。

【作者小传】

苏麟,生卒年不详,当与范仲淹同时代,官杭州属县巡检。事迹见《诗话总龟》前集卷五。

北宋的范仲淹是我国历史上著名的政治家和文学家。他在任时,十分注意选拔合适的人才。

有一年,他出任杭州知府。杭州经济较为发达,但吏治极为混乱。范仲淹亲自察访调查后,发现杭州府衙和所属各县的官吏,有不少是无能怠惰的人。他认为,要革新杭州吏治,首先要选拔大量清廉能干的人才来代替这些不称职的官吏。

范仲淹通过各种办法去发现有真才实学而又品德高尚的人,经过一番考验,就安排到合适的工作岗位上去。

杭州城里有一个精通武艺而又讲仁义、爱百姓的人,常帮助穷苦人抵制豪强的欺凌。范仲淹了解以后,请他来掌管府衙的护卫亲兵。

城外一个乡的里正,天性耿直,熟悉刑法。府、县一些衙役头目要到这个乡里去敲诈勒索,那里正总是据理力争,从不屈服。范仲淹知道了,把他调到府衙帮办刑务,大大发挥了他的才能。

杭州城和附近县里一些有德有才的读书人,范仲淹通过诗会、文会等活动,把他们团结在自己的周围,有的请他们担任适当的职务,有的作为日常工作的参谋。

总之,凡是在杭州附近,范仲淹能够接触到的,绝大多数都获得了施展才能的机会,做到了人尽其用。

那时,有个叫苏麟的,在杭州府所属边远的县里当一名小小的巡检。此人志大才高,平生最佩服范仲淹的为人。他也希望范仲淹能注意到他,吸收到范的手下工作,但是,路途较远,没有机会。

于是,苏麟就写了一篇文章,详细地谈了自己的抱负、学识以及对范的仰慕之情,同时又作了一首《有感》诗,表示他渴望得到范仲淹的教诲。这诗中有两句为"近水楼台先得月,向阳花木易为春"。

赏析

"近水楼台先得月,向阳花木易为春。"这两句诗的字面意思是说,靠近水边的楼台,因无杂物树枝遮挡,总是先照到月光;偏向太阳一边的花木,最容易繁茂而装点春天。但作者是用它作比喻,来说明靠上司近的部下得到了提拔,而在远处的自己却被遗漏了。特别形象、鲜明、恰切而又通俗,因而广为人们所传诵。"近水楼台"的成语即源出于此,比喻因近便而获得优先机会。后世人用"近水楼台先得月,向阳花木易为春"这两句诗表示有了便利的条件就容易先得到好处。

捐躯赴国难,视死忽如归

【名句】

juān qū fù guó nàn shì sǐ hū rú guī
 捐 躯 赴 国 难①,视 死 忽 如 归②!

【出典】
东汉曹植《白马篇》。

【注释】
①捐躯:慷慨献出自己的生命。赴国难:奔赴前线排除国难。
②忽如归:突然回家一样。忽:突然。

【译文】
奔赴前线为排除国难而慷慨献身,把死看成如同突然回家一样的高兴和满足!

【原作】
名编壮士籍,不得中顾私。捐躯赴国难,视死忽如归!

【作者小传】(见第13页)

曹植,字子建,曹操之子,魏文帝曹丕同母弟。生于乱世,长于军旅,曾随曹操南征北战。天资聪敏,十余岁已诵读过数十万字的诗文辞赋作品,写诗为文挥笔立就,一度受到曹操的偏爱,拟立为太子,因此也遭到曹丕嫉恨。由于他任性而行,缺乏政治家的成熟和老练,最终失宠。

东汉末年,由于政治腐败,边防废弛,匈奴、鲜卑等少数民族的奴隶主贵族,不断进行侵犯,给各族人民造成了沉重的苦难。当曹植17岁时(208),赤壁之战已确立了天下三分鼎立的形势。作为曹操所控制的中原地区,当时所从事的主要是安定边疆和实现全国统一。在这种积极进取的氛围中,处处洋溢着豪迈奋发的精神,充满着信心和慷慨昂扬的气息,而为国家的统一和社会的安定献身,便成为建安时代的最强音。因此,曹植希望有这样一位武艺高强、捐躯赴国难的青年英雄:一匹白马戴着用黄金装饰的马笼头,向西北方向飞驰而去,请问这是谁家的少年英雄?他是幽州、并州的少年游侠。他从小就离开家乡,在沙漠边疆威名远扬。他平时就手持良弓,箭袋里放着长短不齐的楛木箭。一拉开弓,箭就准确地射中了左方的目标;向右射击,一下子把右手的靶子射穿;一扬手,箭又射中了迎面飞腾过来的猿猱;一俯身,再把下方的箭靶摧毁。灵巧敏捷得像猴子,勇猛得像猎豹,轻快得像黄龙。

这时候,曹植想到当时边疆多次传来紧急情报,匈奴、鲜卑族的骑兵多次入侵。告急的羽檄从北方传来,那位少年英雄就雄赳赳、气昂昂地飞马奔上高高的阵地,长驱直入,一举踏平匈奴的大本营,回头又压倒了鲜卑。投身于锋刃之中,为了国家的安危,怎么能顾惜自己的生命?父母都来不及侍奉,又怎么能谈得上照顾妻子儿女?名士既然已经编入了战士名册,心里就顾不上个人私情,为国难献身而视死如归。这是一位多么让人崇敬的英雄形象啊!

就这样,曹植想着想着,把个人的激情壮志和当时大多数人的愿望、理想,都凝聚在完美的白马英雄身上,为了赞美边塞游侠儿忠勇爱国、奋不顾身的形象,也为了体现他为国建功立业的思想和反抗侵略的精神,于是情不自禁地诗兴大发,挥笔写了这首《白马篇》诗,"捐躯赴国难,视死忽如归"便是这首诗中的名句。

赏析

"捐躯赴国难,视死忽如归。"在这两句诗中,作者以刚健明快的笔调,塑造了一个武艺娴熟、豪侠英武的壮士的英雄形象,抒发了作者为解救国难而视死如归的英勇豪迈精神。后来,人们引用它鼓励革命志士为了国家和民族的利益,应当抛头颅、洒热血,视死如归。

蒹葭苍苍,白露为霜。所谓伊人,在水一方

【名句】

jiān jiā cāng cāng　bái lù wéi shuāng　suǒ wèi yī rén　zài shuǐ yì fāng
蒹　葭　苍　苍①,白　露　为　霜 。所　谓 伊 人②,在　水　一 方③。

【出典】

《诗经·国风·秦风·蒹葭》。

【注释】

①蒹:荻;葭:芦苇。蒹葭,指的就是芦苇。苍苍:老青色。
②伊人:是人,这个人。
③在水一方:在大水的另一方。以喻所在之远。

【译文】

老青色的芦苇上,白色的露珠儿已经结成了霜。我思念的那个人呀,她在遥远的大水那边。

【原作】

蒹葭苍苍,白露为霜。所谓伊人,在水一方。溯洄从之,道阻且长。溯游从之,宛在水中央。

蒹葭凄凄,白露未晞。所谓伊人,在水之湄。溯洄从之,道阻且跻。溯游从

之,宛在水中坻。

蒹葭采采,白露未已。所谓伊人,在水之涘。溯洄从之,道阻且右。溯游从之,宛在水中沚。

【作者小传】

《诗经》是我国第一部诗歌总集,相传系孔子所编订。共收入自西周初年(公元前11世纪)至春秋中叶(公元前6世纪)大约500多年的诗歌,共305篇(《小雅》中另有6篇"笙诗",有目无辞,不计在内)。最初称诗或诗三百,汉代儒者奉为经典,乃称《诗经》。

《诗经》分为风、雅、颂三大类。原为乐歌,可配乐歌唱。

"风"即国风,为周朝各诸侯国和地方的乐曲,大部分是民歌。包括十五"国风",有诗160篇。

"雅",乐名。被称为中原正声。大、小雅基本上是贵族的作品,只有小雅的一部分来自民间。有诗105篇。

"颂"为庙堂颂歌,是贵族祭神祭祖、歌功颂德的乐曲。颂分为周颂、鲁颂、商颂三部分,有诗40篇。

《诗经》的作者很杂,产生的地域也很广。除了王朝乐官制作的一些乐歌以及公卿列士进献的乐歌,还有很多是原本流传在民间的杂歌谣曲,经过周朝的乐官删削修改收集起来,使其适于周王朝的接受范围。

《诗经》带有抒情性的叙事风格,"感于哀乐,缘事而发"的创作态度,以及对"赋比兴"表现手法的运用,都是具有独创性的艺术创造。对我国后世诗歌发展有着巨大的影响,是我国诗歌发展史上第一块丰碑。

在古代的一个深秋,天刚破晓,芦苇叶片上还存留着夜间露水凝结的霜花。就在这样一个深秋的凌晨,诗人来到河边,为的是追寻那个日思夜想的人。但是,出现在他眼前的却是无际的茫茫芦苇丛,呈现出的是冷寂与落寞。

这时候,诗人所苦苦期盼的人在哪里呢?只知道在河水的另一边。后来,诗人又经过一番艰辛的上下追寻,那个日思夜想的人仿佛在河水的中央,周围流淌着波光,依然无法接近。她的身影是隐约缥缈的,或许根本就是诗人痴迷的心境下产生的幻觉。

就这样,一夜之间的露水凝成了霜花,霜花因气温升高而融为露水,露水再在阳光的照耀下蒸发,而诗人上下求索,心中思念的人仍然是隐隐约约,依然是遥不可及,追寻的结果是水中月镜中花。最后,诗人只好从河边独自慢慢地、有气无力地走回来,回到家中,情不自禁地挥笔写了《蒹葭》诗,来抒发自己的苦闷心情。"蒹葭苍苍,白露为霜。所谓伊人,在水一方"便是这首诗中的名句。

赏析

"蒹葭苍苍,白露为霜。所谓伊人,在水一方。"这四句是一首表现追求意中人而又未达到目的的诗。秋天的早晨,那个被爱情苦苦缠绕的人,踏着未干的秋霜,拨开岸边的芦苇,去追求他所思念的那个在水的另一边的人。

"在水一方"是这首诗的中心。这四个字以极朴素的词句,传神地描绘出意中人那远远的身影。现在多指所思之人离自己很远,但自己一定会不辞辛苦地去追求心目中的意中人。

举头红日照,回首白云低

【名句】

jǔ tóu hóng rì zhào, huí shǒu bái yún dī
举头红日照①,回首白云低②。

【出典】

北宋寇准《咏华山》。

【注释】

①举头:抬头。
②回首:回头。

【译文】

抬头看到红日照在自己头顶,回头看到白云已显得很低。

【原作】

只有天在上,更无山与齐。举头红日照,回首白云低。

【作者小传】

寇准(961~1023),北宋政治家、诗人。字平仲。华州下邽(今陕西渭南县东北)人。太宗太平兴国五年(980)进士,敢于直谏,淳化二年(991)拜左谏议大夫、枢密院副使。真宗即位,迁尚书工部侍郎。景德元年(1004)拜同中书门下平章事。辽兵入侵,力排众议,主张抵抗,促使真宗亲征澶州,立澶渊之盟而归。真宗病,因参与谋划太子监国,罢为太子太傅,封莱国公。又为大臣丁谓等陷害,贬道州司马,再贬雷州司户参军。仁宗天圣元年(1023)卒于贬所,谥忠愍。以风节著称于当时,早有诗名。初尝与山林诗人潘阆、魏野等为友,诗风亦相近。又善学唐人,《春日登楼怀归》诗"野水无人渡,孤舟尽日横"之句深得唐人风格。绝句如《早行》、《江南曲》等尤佳。著有《忠愍公诗集》。

北宋名臣寇准从小聪明过人,喜欢读书。在童年时代,他就读了不少书,能够作诗了。

寇准的家乡离华山很近,他8岁那年,跟随家中的人一道去华山游玩。华山高大雄伟,险峻挺拔,给小寇准留下了很深的印象。回家以后,他就写了一首《咏华山》诗,"举头红日照,回首白云低"便是这首诗中的名句。

这首诗让老师看到了,老师想不到小小年纪的幼童,竟能写出这么气派非凡的诗篇,不觉惊异万分。他拿了诗,对寇准的父亲说:"这孩子有宰相的气量,将来一定前途无量。"

由于寇准才华出众,他19岁考取进士,后来果然拜为宰相。

"举头红日照,回首白云低。"这两句诗,从作者自己的感受出发,通过太阳与白云的一上一下,表现出华山的高大雄伟。诗句通过严格的对仗:"举头"与"回首"、"红日照"与"白云低",既有动作,又有色彩,把当时的景物刻画得色彩

明艳,而又气势非凡,更增添了华山的伟岸气质。此外,诗人通过这两句诗,除了把华山壮阔高大的景象生动地表现出来之外,同时也用外在的风景表现出他少年时代高远的追求。

将军百战死,壮士十年归

【名句】

jiāng jūn bǎi zhàn sǐ　zhuàng shì shí nián guī
　将　军　百　战　死①,　壮　士　十　年　归②。

【出典】

南北朝民歌《木兰诗》。

【注释】

①百战死:经历了千百次残酷战斗,有的战死。
②壮士:从军的将士。

【译文】

将士们出征十年,经历了千百次残酷的战斗,有的战死,有的归来。

【原作】

唧唧复唧唧,木兰当户织。不闻机杼声,惟闻女叹息。问女何所思,问女何所忆。女亦无所思,女亦无所忆。昨夜见军帖,可汗大点兵,军书十二卷,卷卷有爷名。阿爷无大儿,木兰无长兄,愿为市鞍马,从此替爷征。东市买骏马,西市买鞍鞯,南市买辔头,北市买长鞭。旦辞爷娘去,暮宿黄河边,不闻爷娘唤女声,但闻黄河流水鸣溅溅。旦辞黄河去,暮至黑山头,不闻爷娘唤女声,但闻燕山胡骑鸣啾啾。万里赴戎机,关山度若飞。朔气传金柝,寒光照铁衣。将军百战死,壮士十年归。归来见天子,天子坐明堂。策勋十二转,赏赐百千强。可汗问所欲,木兰不用尚书郎;愿驰千里足,送儿还故乡。爷娘闻女来,出郭相扶将;阿姊闻妹来,当户理红妆;小弟闻姊来,磨刀霍霍向猪羊。开我东阁门,坐我西阁床,脱我战时袍,著我旧时裳,当窗理云鬓,对镜帖花黄。出门看火伴,火伴皆惊忙:同行十二

年,不知木兰是女郎。雄兔脚扑朔,雌兔眼迷离;双兔傍地走,安能辨我是雄雌?

【作者小传】

《木兰诗》是北朝长篇叙事民歌。它的产生年代及作者,从宋代起,就有不同记载和争议。始见于《文苑英华》,题为《木兰歌》,以为唐代韦元甫所作。《古文苑》题为《木兰诗》,以为"唐人诗"。宋代程大昌《演繁露》据诗中"可汗大点兵"语,认为木兰"生世非隋即唐";而南宋严羽《沧浪诗话》则认为"朔气传金柝,寒光照铁衣"之类,"已似太白,必非汉魏人诗"。此后,历代都有人持"隋、唐人作"之说,但宋代黄庭坚已指出此诗并非韦元甫所作,而是韦"得于民间"(《题乐府〈木兰诗〉后》)。《乐府诗集》列入《梁鼓角横吹曲》,亦题《木兰诗》,云是"古辞"。按《旧唐书·韦元甫传》载,韦曾任浙西观察使、淮南节度使等职。又据《旧唐书·音乐志》所载,可知梁代和北朝乐府歌曲中都存有"燕、魏之际鲜卑歌",且多"可汗之辞"。因此,《木兰诗》原先也可能是一首鲜卑歌,流传江南,译为汉语,曾入梁代乐府,后又散落民间,而到唐代为韦元甫重新发现,并拟作《木兰歌》一首(《文苑英华》)。至于"朔气"二句这样的对偶诗句,齐、梁诗中已经习见,自是文人加工痕迹。所以现代学者大多认为《木兰诗》产生于北魏,创作于民间。

有一天,木兰姑娘走在大街上,见许多人围在高墙前,神情激奋地议论着一张布告。木兰挤上前一看,原来是一份征兵打仗的名单。木兰瞧见爹爹的名字赫然在上,她的心不由得抽紧了。

回到家里,木兰坐在织布机前,愁眉不展。爹爹年老力衰,怎么还能够去从军打仗呢?可是可汗(kè hán)王颁发的征兵令,谁又能够违抗呢?

娘在外屋听到木兰的一声声叹息,撩开门帘问道:"兰儿,你今天怎么啦?"木兰就把街上看见的事讲了一遍。望着娘忧愁的面容,木兰打定主意说:"娘,我没哥哥,就让我扮作男儿,代爹爹去从军吧!"娘知道木兰的脾气,只好和她爹商量。两位老人无可奈何,含泪答应了。

几天后,女扮男装的木兰告别了依依难舍的爹娘,一转身跨上骏马,跟着队伍出发了。她渡黄河,过关山,像男子一样英勇骁悍。一晃十个年头过去了,谁也不知道战功赫赫的木兰其实是个女儿身。可汗王召见她,封她做大官。木兰却说:"大王,我不要做官。请求您让我回我的故乡去吧!"

木兰回家了。她日思夜想的爹娘相互搀扶着,颤巍巍地迎上前来;已经长成壮小伙的弟弟,忙着杀猪宰羊。木兰换上姑娘家的衣裳,对着镜子梳理好秀发,然后出门去看望乡亲。大家都为这个从军的姑娘感到骄傲。

南北朝时的诗人,根据木兰替父从军和解甲还乡的不平凡经历,写了《木兰诗》这首民歌,"将军百战死,壮士十年归"便是这首民歌中的名句。

"将军百战死,壮士十年归。"这两句诗是描写历史传说中著名的女英雄花木兰代父从军后立功归来。木兰以一女儿身,从军十二年,终于返乡;而和她一起的将军壮士,在近百次战役中很多人都牺牲在沙场。

因此,后人在某人从军多年,终于光荣归来时,常用这两句表示祝贺。更多的时候,人们对那些走南闯北,投身商海,终于事业有成,荣归故里的人,也用这两句来称赞。

接天莲叶无穷碧,映日荷花别样红

【名句】

jiē tiān lián yè wú qióng bì yìng rì hé huā bié yàng hóng
接 天 莲 叶 无 穷 碧①,映 日 荷 花 别 样 红②。

【出典】

南宋杨万里《晓出净慈寺送林子方》。

【注释】

①接天:与天相连接。莲叶:荷叶。无穷碧:无穷无尽的一片碧绿色。
②映日:在阳光照映下。别样红:红得不一般。别样:特别,不一样。

【译文】

满湖的莲叶接连天际,一碧万顷无穷无尽。朝阳映照在荷花上,艳丽的荷

花分外红。

【原作】

毕竟西湖六月中,风光不与四时同。接天莲叶无穷碧,映日荷花别样红。

【作者小传】

杨万里(1127~1206),南宋诗人。字廷秀,号诚斋,谥文节。吉州吉水(今属江西)人。高宗绍兴二十四年(1154)进士,授赣州司户参军。历任国子博士、太常博士、太常丞兼吏部右侍郎、广东提点刑狱、吏部员外郎等职。其诗歌成就尤著,与陆游、范成大、尤袤号称"中兴四大诗人"。初学江西诗派,后学陈师道之五律、王安石之七绝,又学晚唐诗。自后其"作诗忽若有悟,于是辞谢唐人及王、陈、江西诸君子,皆不敢学,而后欣如也"。刻意独创,终于自辟蹊径,别出机杼,形成独具特色的"诚斋体"。其作诗讲究"活法"、"透脱",从大自然觅诗,善于摄取自然景物的特征和变态,写得新奇风趣,语言亦自然活泼、生动善巧。曾作诗2万余首,今存4200多首,代表作有《插秧歌》、《竹枝词》、《小池》、《初入淮河四绝句》等。其诗文理论,主要见于《诚斋诗话》和所作有关序文。其词作亦清新自然,一如其诗。赋作有《清溪赋》、《海鳅赋》等。著有《诚斋易传》九卷、《诚斋集》一百三十三卷传世。

宋朝诗人杨万里和友人林子方来到风光优美的浙江杭州,住在西湖西南面的净慈寺。有天夜里,天气特别闷热,两人在院中纳凉,海阔天空,畅叙友情,一直谈到深夜方才歇息。

因为第二天一早林子方就要离开杭州,杨万里不敢沉睡,恐怕耽误了动身时间。那天清晨,寺外农舍的雄鸡刚叫第一遍,杨万里不敢再睡,立即就起床了,独自在门外散步,好让友人林子方多睡一会儿。当鸡叫三遍的时候,林子方已经睡醒了,见朋友杨万里如此细心照顾他,心中十分感激。这时,杨万里笑着说:"六月的杭州是酷热难耐,而今天清晨倒很凉快。我们趁着风凉的时候上路吧!"

杨万里送别朋友林子方,路过西湖。这时候,满湖的莲叶、荷花在晨风中漂浮。"啊,名不虚传的西湖,在炎热的夏季也有如此的美景呀!"诗人杨万里由衷地赞美道。他在湖边缓步徐行,从脚边的荷花,一直到水天相接的莲叶,一片碧绿的世界,真叫人心旷神怡。此刻,他深深地吸了一口新鲜空气,朗声地吟出了《晓出净慈寺送林子方》诗,"接天莲叶无穷碧,映日荷花别样红",便是这首诗中的名句。

赏析

"接天莲叶无穷碧,映日荷花别样红。"这两句具体描写使之动情至深的西湖六月的特异风光。诗中用互文的形式,把在朝阳辉映下的莲叶、荷花,写得那么浓艳,那么美丽,那么醉人,使读者禁不住要亲往观赏一番,真可见作者写景的艺术功力。句中的"接天",夸张了荷叶覆盖面之广远,一直覆盖到水天相接的地方,几乎与蓝天相连接起来了。"无穷",不仅形容了绿荷覆盖面之广阔无边,还形容那碧绿的色彩,也是无穷的,流光溢彩。此外,"映日荷花别样红"的"别样红",强调了荷花红得超出一般,美得异乎寻常。与上句的碧绿的荷叶,刚巧是相映生辉,色彩十分鲜艳浓丽。

江山代有才人出,各领风骚数百年

【名句】

jiāng shān dài yǒu cái rén chū　gè lǐng fēng sāo shù bǎi nián
　江　山　代　有　才　人　出①,各　领　风　骚　数　百　年②。

【出典】

清赵翼《论诗》。

【注释】

①代有:即代代有。才人:有才气的诗人。
②风骚:《诗经》中的《国风》和《楚辞》中的《离骚》。借指诗歌。此处泛指诗歌创作。

【译文】

祖国的大好河山代代都孕育出许多杰出的人才,他们都以创造性的诗篇各自领导诗坛几百年。

【原作】

李杜诗篇万口传,至今已觉不新鲜。江山代有才人出,各领风骚数百年。

【作者小传】

赵翼(1727~1814),清诗文家、史学家。字云崧,一字耘松,号瓯北。江苏阳湖(今常州)人。历官编修、镇安知府、广州知府、贵西兵备道。有经世之略,在官多建树。辞官后,主讲于安定书院,专心著述。深于史学,诗与袁枚、蒋士铨称乾隆朝三大家。论诗主张推陈出新,反对摹拟。其论诗语,除《瓯北诗话》外,多见于本集若干论诗诗中。著《赵瓯北全集》凡七种,为《廿二史札记》、《陔余丛考》、《檐曝杂记》、《皇朝武功纪盛》、《瓯北诗钞》、《瓯北诗话》、《瓯北集》。

清朝乾隆年间,江苏省出了两位有名诗人,一个叫沈德潜,苏州人。他的诗,深受乾隆皇帝的赏识。另一位叫赵翼,常州人,年龄要比沈德潜小五十多岁。到他中进士、以诗闻名的时候,沈德潜早已告老返乡了。

他们两个人都在诗坛上享有大名,但他们对诗的主张和评价却不一样,甚至是互相对立的。沈德潜主张复古,认为诗在唐朝到了顶点,宋朝以后就走下坡路,直到当代,再没有人能写出超越唐代的诗来。而赵翼却提倡创新,认为古人有古人的长处,今人有今人的特点,不应该过分地推崇古人,贬低今人。

传说到赵翼30岁那年,曾去拜访已经八十多岁的沈老前辈。那时,沈老已是做过内阁学士退休在家的大官绅,而赵翼却还是一个没有什么地位的年轻诗人。

见面后,他俩为了对诗人的不同看法,争论得很激烈。

沈德潜说:"诗的主旨在教育,要为圣贤阐述礼教,为朝廷宣扬恩德。"

赵翼说:"是的,但遇到不合理的事,也可以用诗来嘲讽、来批评,不能只说好话。"赵翼的话,显然是在唱反调。

沈德潜又说:"诗的写作,重要的是格律和声调。"

赵翼却说:"诗的灵感似乎更重要。"

这两种论调,又是互相对立的。

最后,沈德潜说:"古人的诗意味深长,到了唐代,李白、杜甫的成就,可以说是登峰造极了。"

于是,赵翼随口就吟出了一首《论诗》绝句,"江山代有才人出,各领风骚数百年"就是这首诗中的名句。

"江山代有才人出,各领风骚数百年。"赵翼明确肯定了每个时代都有自己的天才诗人,他们以富有创造性的诗篇领导当代诗坛,创一代诗风。唐朝是诗的"黄金时代",但诗并没有随唐王朝的灭亡而消亡,历代有诗,历代有优秀诗人,北宋的苏轼、南宋的陆游、清代的龚自珍等,都称得上是自己时代"领风骚"的诗坛"才人"。对于他们的作品,如《赤壁赋》《示儿》和《己亥杂诗》等都是属于那个时代的伟大的文艺作品。这里需要指出,文艺是社会生活的反映,作为社会生活反映的文艺作品,一个时代就有一个时代的审美情趣,作者这样哲理性的认识是完全符合我们的文艺观的。后人常用这两句来赞美新人代旧人的美好景况,也用来鼓励新人肯定自己,敢于超越前人。

及时当勉励,岁月不待人

【名句】

jí shí dāng miǎn lì　suì yuè bú dài rén
及　时　当　勉　励①,岁　月　不　待　人②。

【出典】

东晋陶渊明《杂诗》。

【注释】

①勉励:劝人努力,鼓励。

②岁月:年月,时间。待:等待。

【译文】
每个人都应当及时地勉励自己,奋发而起,岁月是不等待你的。

【原作】
盛年不再来,一日难再晨。及时当勉励,岁月不待人。

【作者小传】(见第16页)

陶渊明辞官回到家乡,一心过起耕种田地的农家生活。几年后,社会的动乱越发剧烈,同时,水灾、旱灾、虫灾不断发生。公元408年六月,一场大火把他的草屋烧成灰烬。这样,生活更加困苦,他常常挨饿,甚至寒冬时节没有被子来度过漫漫长夜。

尽管如此,陶渊明没有改变自己的志向,他心目中追求的理想社会是:没有战争,没有动乱,人人平等地耕种劳作,家家户户安居乐业。但动乱的社会,使得陶渊明叹息自己难以等到壮志实现的时候。因此,他有感而发,写了一首《杂诗》诗,"及时当勉励,岁月不待人",便是这首诗中的名句。

"及时当勉励,岁月不待人。"这两句是诗人告诉我们,人生之中不可能再有第二个盛年,一天之中不可能再有第二个早晨,所以要抓紧时间,勉励自己,努力上进。句中的"及时"是不拖延、马上、抓紧时间的意思。"不待人"是说年月时间过得很快,它是永远不会等待任何人的。这两句语言朴素无华,表达了诗人希望人们珍惜时间,努力学习和工作,不断奋发上进的心情。

君看一叶舟,出没风波里

【名句】

jūn kàn yí yè zhōu   chū mò fēng bō lǐ
君 看 一 叶 舟①, 出 没 风 波 里②。

【出典】

北宋范仲淹《江上渔者》。

【注释】

①君:这里是"您"的意思,是对别人尊敬的称呼。一叶舟:一只小船。这里形容船很小,像飘浮在江面上的一片树叶子。舟:船。

②出没:或隐或现。小船随着风浪颠簸,忽上忽下,时隐时现。出,出现,看得见。没,沉落下去,看不见。风波:风浪。

【译文】

您看看那些辛苦的捕鱼人吧,他们怎样驾着小船,在大江上捕捞撒网。江面上风急浪高,小船在风浪中时隐时现,真让人为他们心惊胆战。

【原作】

江上往来人,但爱鲈鱼美。君看一叶舟,出没风波里。

【作者小传】

范仲淹(989~1052),北宋政治家、文学家。字希文。苏州吴县(今属江苏)人。真宗大中祥符八年(1015)中进士,曾任吏部员外郎,因忤吕夷简罢知饶州。针对北宋积弊,与富弼、欧阳修等推行"庆历新政"。因上十事疏为权贵不容,出为河东陕西宣抚使。皇祐四年卒于徐州,谥文正,追封楚国公,后追封魏国公。《四库全书总目》卷一五二称其"人品事业卓绝一时,本不借文章以传。其论著非虚饰词藻者所能比"。文多直陈时弊,抒写怀抱。代表作有《岳阳楼记》、《上执政书》、《上张右丞书》等。诗亦"高妙"(赵与虤《娱书堂诗话》),如《庐山瀑布》极

具气势,《江上渔者》清新可诵。词亦擅长,初期词如《御街行》(纷纷坠叶飘香砌)、《苏幕遮》(碧云天)等伤离怀远,情柔语丽;后历经磨炼,词风一变而意境高旷,情调悲壮,《渔家傲》即为备受称颂之杰作。著有《范文正公集》传世。

有一天,范仲淹到江边去散步游玩,看到江岸上人来人往,熙熙攘攘,十分热闹。他想,这么多人在忙什么呢?想知道个究竟。于是,他恭恭敬敬地向过路人打听,原来这些人到江岸的唯一目的,是想买到味道鲜美的鲈鱼。接着,诗人进一步打听这鲈鱼有什么特点。人们详细地告诉他,因为这种鱼的肉很嫩,味道特别鲜美可口,但是很难捕到,数量不多,所以他们跑得很快,生怕被别人买光了;而渔民们捕这种鱼时必需冒着生命危险,驾着小船,漂泊于波涛汹涌的大江之上,才有可能偶然捕到。"那么渔民们为什么要冒生命危险,去捕捉鲈鱼呢?"范仲淹自问自答:那就是渔民们没有办法生活下去了,只能下江捕这种鱼,卖了谋生。想到这里,他提起沉重的笔,怀着对渔民们的深切同情,写了《江上渔者》诗,"君看一叶舟,出没风波里"便是这首诗中的名句。

"君看一叶舟,出没风波里。"这两句诗在人们面前,展现了一幅渔民们冒着生命危险,在大风浪中劈风斩浪的捕鱼图。那宽阔的大江,烟波浩渺,捕鱼的小船,漂浮在浊浪滚滚的江面上,渺小得像一片树叶,在急流中颠簸着,挣扎着。风急浪高。一会儿把小船抬到浪尖,一会儿又把它埋入浪谷。小船这样忽高忽低,时隐时现,让人看了真是心惊胆战。原来捕鱼是这么危险啊!由此可见,吃鲈鱼的人是不该"但爱鲈鱼美",还该知道捕鱼人的苦。作者这样把吃鱼的人和捕鱼人对照起来写,形成强烈的对比。一方面表达了作者对劳动人民的同情,另一方面也希望只知鲈鱼美的人,以后也要同情劳动人民。这个想法,是有积极教育意义的。

落红不是无情物,化作春泥更护花

【名句】

luò hóng bú shì wú qíng wù　huà zuò chūn ní gèng hù huā
落　红　不 是　无　情　物①,化　作　春　泥　更　护　花②。

【出典】

清龚自珍《己亥杂诗(其五)》。

【注释】

①落红:落花。无情物:没有感情的东西。
②化作:变化成。护花:爱护花朵。

【译文】

飘落的花儿并不是没有情义的东西,零落在地化为春泥以后,更加爱护花儿。

【原作】

浩荡离愁白日斜,吟鞭东指即天涯。落红不是无情物,化作春泥更护花。

【作者小传】

龚自珍(1792~1841),清末思想家、文学家。字璱人,原名巩祚,号定庵,浙江仁和(今杭州)人。官礼部主事。学务博览,提倡"通经致用",为今文经学派重要人物。所作诗文,批评清王朝的腐朽,洋溢着爱国热情。代表作有《尊隐》、《明良论》、《病梅

馆记》《己亥杂诗》等。为文奥博纵横,自成一家。诗词瑰丽奇肆,有"龚派"之称。著有《定庵文集》等。

　　道光九年(1829),38岁的龚自珍终于中举了。在殿试中,龚自珍欣然认为一展胸中抱负的机会到了,便仿造王安石的万言书,畅论变法改革,并提出具体改革措施,如重视农业、发展水利、改革科举、整军强兵等,系统地提出了他"托古改制"的全面主张,其中对边防问题谈得尤为深刻,并指责了道光初年调东北兵士去平定西北战乱之事。主考官一见这篇雄文,直如芒刺在背,坐立不安。他们想不出别的借口,竟然以他答卷的书法不合规范而没有将他列入优等。龚自珍不但不能大显身手,反而连翰林也没有入,不能利用更有利的地位以实施其改革计划。他气愤之极,回家让妻子、儿女甚至婢女都练习馆阁体书法,以后每逢别人论及翰林之事,他便满含讽刺地说:"翰林有什么稀奇,我家妇人没有不可以做翰林的。"

　　报国无门,龚自珍便在京师广交朋友。他们常常聚会,畅谈变法改革之事。这样,他的主张逐渐被更多人知晓,其名声也随之广为传播。诚如他同时代的文人张维屏所说:"近几十年来,学人大夫诵读史书,考核掌故,慷慨谈论天下大事,这般风气实在是由龚定公(龚自珍号定庵)开启的啊!"这样的宣传呼吁还是有一定效果的。魏源同他交情最深,被前辈誉为像碧空中翩然翱翔的两只凤凰,是杰出有为的人才。龚自珍还坚决支持林则徐南下禁烟,亲自赠序为林则徐送行。在序言中,他详细分析了形势并提出了相应建议,后来还时时关心禁烟活动的最新动态,并为之策划了不少策略。

　　道光十九年(1839)四月,龚自珍辞官返乡。但他的辞官不等于沉沦而放弃理想,他亦未割断与朝廷的感情牵连。事实上龚自珍辞官返乡仍有其进行社会改革的宏愿,想以改革挽救国家来报效朝廷。当时正值暮春时节,万花纷谢,残红满地,这景象惹起他一股浓浓的离情,况且许多朋友都为他送行,长歌当哭,激动万分。于是他情不自禁地吟出了《己亥杂诗》(其五),"落红不是无情物,化作春泥更护花"便是这首诗中的名句。

84

赏析

"落红不是无情物,化作春泥更护花。"这两句借物喻人,以落花有情作比,抒发不忘报国的崇高胸怀。形象优美,比喻鲜明,寓意深刻。现在人们引用这两句诗来说明老一辈在事业上鞠躬尽瘁的精神以及对培养和爱护青年人而耗尽心血的高尚情怀。

力拔山兮气盖世,时不利兮骓不逝

【名句】

lì bá shān xī qì gài shì　shí bú lì xī zhuī bú shì
力 拔 山 兮气 盖 世①,时 不 利兮 骓 不 逝②。

【出典】

秦项羽《垓下歌》。

【注释】

①盖:盖倒,胜过。
②时不利:时势对自己不利。骓:毛色青白相间的马,是项羽常骑的骏马。逝:奔驰。

【译文】

我的力气大得可以拔掉山,气魄大得可以盖过世人。但时局对我不利,骏马不再奔驰。

【原作】

力拔山兮气盖世,时不利兮骓不逝。骓不逝兮可奈何!虞兮虞兮奈若何!

【作者小传】

项羽(前232~前202),名籍,字羽,原楚国人。出生于名将世家,精通兵法,武艺高强。因祖父项燕为秦所杀,而立下反秦之志。

公元前209年与叔父项梁杀秦会稽郡守殷通,在吴(江苏苏州)起义,并击败秦将章邯。

项梁战死后,章邯围困赵地义军。楚怀王命项羽为次将,与主将宋义率军营救。宋义行至中途逗留不前。结果,项羽杀死宋义,率军渡过漳水,在钜鹿之战中摧毁秦军主力。接着挥师西进,攻破函谷关,屯军灞上,举行鸿门宴,自称西楚霸王,大封诸侯,俨然成为天下的霸主。

不久,他焚烧咸阳,率军东归,与刘邦展开了长达四年的楚汉战争。后在垓下被刘邦打败,在乌江(今安徽和县东北)刎颈自杀。

秦末农民大起义的后期,出现了楚汉相争的局面。公元前202年,刘邦率领汉军,将项羽的楚军重重包围在垓下(今安徽灵璧东南)。

楚军被围攻了好几天,粮食渐渐地吃光了。项羽依仗自己勇敢善战,几次带领士兵突围,但都没有成功。一天晚上,四面汉军的阵地上传来了一阵阵的歌声,项羽侧耳细听,不由得十分吃惊。原来,汉军为瓦解楚军士兵的斗志,唱的都是楚地的民歌。项羽不禁失声说:

"汉军难道已经完全战领了楚地吗?他们那里怎么会有那么多的楚人呢?"

他走出自己的军营,听到自己的士兵们有的为乡音感动,引起共鸣,也哼起了楚歌;有的思念父老乡亲、妻子儿女,竟然大声恸哭。

项羽见军心动摇,军无斗志;在四面楚歌的情况下,人心涣散,不觉心烦意乱。他回到帐中喝起了闷酒。他知道军心一溃,再也不可收拾,心中丢不下的是自己钟爱的虞姬和那匹善解人意的乌骓马。

项羽想起自己过去南征北战的赫赫声威,对比眼前众叛亲离的凄凉情景,不由得悲愤地唱起了《垓下歌》,"力拔山兮气盖世,时不利兮骓不逝"便是这首诗中的名句。

赏析

"力拔山兮气盖世,时不利兮骓不逝。"这两句写项羽力能扛鼎,身经百战,所向披靡,最后却被刘邦围于垓下。在预感到将要失败时,思绪起伏,感慨万端,发为歌诗,泣下两行,力透纸背。因此,无意为诗而从心中流出这两句名句,以感叹的语调,写出了项羽这个不可一世的英雄自认为力大无比,气魄超人,但由于时势不利不得不失败的怨愤和无可奈何的心情。句中充满了英雄末路的慨叹,情调慷慨悲壮,风格浑厚豪迈。现在,人们用"力拔山兮气盖世"来形容气魄宏大,气力超群。

老骥伏枥,志在千里;烈士暮年,壮心不已

【名句】

lǎo jì fú lì　zhì zài qiān lǐ　liè shì mù nián　zhuàng xīn bù yǐ
老 骥 伏 枥①,志 在 千 里;烈 士 暮 年②, 壮 心 不 已③。

【出典】

东汉曹操《龟虽寿》。

【注释】

①骥:一日能行千里的良马。枥:马槽。骥因年老力衰,故伏于槽中。
②烈士:指怀有雄心壮志的正直人士。
③不已:不止。

【译文】

年老力衰的良马即使死在槽中,但它的志向也在于能日行千里;正直的人即使接近晚年,但他的雄心壮志也永不停止。

【原作】

神龟虽寿,犹有竟时;腾蛇乘雾,终为土灰。老骥伏枥,志在千里;烈士暮年,壮心不已。盈缩之期,不但在天;养怡之福,可得永年。幸甚至哉,歌以咏志。

【作者小传】(见第1页)

东汉末年,曹操打败了袁绍大军,袁绍呕血而死。他的儿子袁尚抵挡不住曹兵的步步进攻,逃到北方去依附少数民族乌桓。

于是曹操决定北征乌桓。他杀掉了辽西的乌桓单于蹋顿,收降二十余万兵将。袁尚又率残部逃往辽东。曹操手下的谋士分析说:"袁尚一定会逃到辽东太守公孙康那里去,公孙康仗着天高皇帝远,一向不服朝廷调遣,我军应迅速乘胜追击,生擒袁尚,兼可攻破公孙康。"

曹操摇着头说:"我军停驻辽宁,不必劳师动众,不久公孙康就会把袁尚的人头送到。"

不久,公孙康果然送来了袁尚的首级,谋士都佩服曹操料事如神,曹操笑着说:"这并不奇怪,公孙康向来忌惮别人的军队到他的辖区。如果紧追袁尚,他就会联合袁尚,抵御我军;我不去追,公孙康便会怕袁尚算计他,要杀掉他来使我退步了。"

曹操胜利班师,过了易水以后,正逢那一带遭到了旱灾。行军二百里都找不到水喝,最后只得掘地三十多丈,才得到水源。军粮用完,在当地找不到补给,只得宰几千匹战马充当军食。

曹操因此感慨很深。天下如此混乱,身不离鞍近二十年,往后还得南征北战。打了胜仗,又会遭遇天灾,为大军的饮食给养而担心。一个人能活多少年?一生中能建多少功业?想到这些,他挥笔写了首《龟虽寿》诗,"老骥伏枥,志在千里;烈士暮年,壮心不已"便是这首诗中的名句。

"老骥伏枥,志在千里;烈士暮年,壮心不已。"这四句借一个正面比喻说明

在有生之年应积极有所作为。其中,"老骥"指已衰老的千里马,千里马因衰老而卧伏在马棚中,但它形衰志不衰,胸中仍激荡着驰骋千里的壮志豪情,用此来形容烈士暮年,壮心不已的胸怀,生动而贴切。更深一层看,"老骥",不仅比喻"烈士",它与"烈士"连在一起,都是曹操壮怀激烈的自我形象的化身。两层比喻,一以物,一以人,在形象上互相补充,在喻意上反复生发,不断深化。后代一些年龄虽老而报国的志气不衰的人,也常用"老骥伏枥,志在千里;烈士暮年,壮心不已"来表达自己的志向。

路漫漫其修远兮,吾将上下而求索

【名句】

lù màn màn qí xiū yuǎn xī　wú jiāng shàng xià ér qiú suǒ
路　漫　漫　其　修　远　兮①,吾　将　　上　下　而　求　索②。

【出典】

屈原《离骚》。

【注释】

①漫漫:远貌。修:长。
②求索:寻求。

【译文】

道路漫长而遥远,我准备上天入地去寻求志同道合的人。

【原作】(节选)

朝发轫于苍梧兮,夕余至乎县圃。欲少留此灵琐兮,日忽忽其将暮。吾令羲和弭节兮,望崦嵫而勿迫。路漫漫其修远兮,吾将上下而求索。

【作者小传】

屈原(约前340~约前278),战国末期楚国人,杰出的政治家和爱国诗人。名平,字原。又自云名正则,字灵均,出身楚国贵族。楚武王熊通之子屈瑕的后

代。丹阳(今湖北秭归)人。

屈原一生经历了楚威王、楚怀王、楚襄王三个时期,而主要活动于楚怀王时期。这个时期正是中国即将实现大一统的前夕,"横则秦帝,纵则楚王。"屈原因出身贵族,又明于治乱,娴于辞令,故而早年深受楚怀王的宠信,位为左徒、三闾大夫。屈原为实现楚国的统一大业,对内积极辅佐怀王变法图强,对外坚决主张联齐抗秦,使楚国一度出现了一个国富兵强、威震诸侯的局面。但是由于在内政外交上屈原与楚国腐朽贵族集团发生了尖锐的矛盾,由于上官大夫等人的嫉妒,屈原后来遭到群小的诬陷和楚怀王的疏远。

怀王十五年(前314),张仪由秦至楚,以重金收买靳尚、子兰、郑袖等人充当内奸,同时以"献商於之地六百里"诱骗怀王,致使齐楚断交。怀王受骗后恼羞成怒,两度向秦出兵,均遭惨败,于是屈原奉命出使齐国重修齐楚旧好。此间张仪又一次由秦至楚,进行瓦解齐楚联盟的活动,使齐楚联盟未能成功。怀王二十四年,秦楚黄棘之盟,楚国彻底投入了秦的怀抱。屈原亦被逐出郢都,到了汉北。

怀王三十年,屈原回到郢都。同年,秦约怀王武关相会,怀王遂被秦扣留,最终客死秦国。楚襄王即位后继续实施投降政策,屈原再次被逐出郢都,流放江南,辗转流离于沅、湘二水之间。楚襄王二十一年(前278),秦将白起攻破郢都,屈原悲愤难当,遂自沉汨罗江,以身殉了自己的政治理想。

屈原他从小博学多才,二十多岁便担任重要官职左徒,辅佐楚怀王处理国家大事,对外接待各国贵宾。

那时,战国七雄中秦国最强大,对六国虎视眈眈。屈原向楚怀王建议,联合各国共同对抗秦国,又在出使齐国时充分施展外交才能,后来终于组成了六国的合纵联盟,推举楚怀王当"纵约长"。怀王由此信任屈原,命他起草重要的《宪令》。

屈原在《宪令》里,写进了改革楚国的政治和法律,选拔贤才,限制贵族特权等内容,要使国家富强起来。可是,上官大夫靳尚、令尹(宰相)子椒、楚王宠姬郑袖等人,千方百计企图维护贵族的利益,反对改革,破坏屈原起草《宪令》。一天,靳尚闯进屈原家中,要屈原把《宪令》草稿拿给他看,屈原当然不同意。靳尚见案几上正摆着草稿,便上前一把夺在手里,可是被屈原抢回了,他严肃地说:"在大王批准以前,谁都不准看《宪令》草稿!"

靳尚气呼呼地走了。他见阻挠不成,就和郑袖等人在怀王面前大肆造谣污

蔑,卑劣地攻击屈原。

楚怀王从此怀疑和疏远了屈原,不但把制订《宪令》的事搁起来,还把他降职,最后甚至把他逐出郢都,流放到荒僻之地。楚怀王死后,他的儿子顷襄王继位,屈原又一次遭到流放的厄运。

在两次流放期间,屈原写出了一生中最伟大的长诗《离骚》,"路漫漫其修远兮,吾将上下而求索"便是这首诗中的名句。

"路漫漫其修远兮,吾将上下而求索。"这两句是说,不管改革的道路是那么漫长,那么遥远,我也要上天下地、登山入水,去寻求真理,去寻求所爱。行色匆匆,彷徨而又执著,充分表现了征途的漫长曲折和不畏险阻、不辞劳苦地对理想的热烈追求。鲁迅先生在小说集《彷徨》的扉页上,引用了这几句诗,表现出他在1924~1925年军阀黑暗统治下的苦闷彷徨中探求真理的情形。

绿阴不减来时路,添得黄鹂四五声

【名句】

lù yīn bù jiǎn lái shí lù, tiān dé huáng lí sì wǔ shēng
绿 阴 不 减 来 时 路①,添 得 黄 鹂 四 五 声②。

【出典】

南宋曾几《三衢道中》。

【注释】

①不减:没有减少。意思是"不少于",差不多。
②添得:增加了。

【译文】

沿路绿阴是又浓又密,跟来的时候差不多光景。游兴正浓更添几分情趣,

四五黄鹂在深树中啼鸣。

【原作】

梅子黄时日日晴,小溪泛尽却山行。绿阴不减来时路,添得黄鹂四五声。

【作者小传】

曾几(1084~1166),南宋诗人。字吉甫、志甫,号茶山居士,谥文清。其先赣州(今江西赣州)人,后徙河南洛阳。历任应天府少尹、广西转运判官、浙西提点刑狱、知台州左通议大夫。曾几于政治上主张抗金,《寓居吴兴》等诗即反映他忧国之情。又长于经学,学生陆游称其"治经学道之余,发于文章,雅正纯粹。而诗尤工,以杜甫、黄庭坚为宗"。论诗推重杜、黄、陈,以江西诗派继承者自居。部分作品学江西诗派重炼词、讲字眼、风格瘦硬的诗法。诗作以抒情遣兴、酬唱题赠为主,内容多模山范水、吟风弄月。后受吕本中影响,形成了清新活泼的风格,如《苏秀道中自七月二十五日夜大雨三日秋苗以苏喜而有作》、《题访戴图》、《道中遇雨》即此类代表作。五、七律讲究对仗自然,气韵疏畅。为承转江西诗派诗风的关键人物,对南宋诗坛影响很深。著有《易释象》、《茶山集》等。

梅子黄时,正值江南的初夏季节,这段时期的天气常常阴雨连绵。可是,这一年黄梅季节的天气反常,连日好晴天。这天,诗人曾几出外游玩,最初坐着小船到了河溪的尽头,后来又沿着山路弯弯曲曲地漫步行走。诗人在不久前,已经循着这条道路的相反方向,经过三衢一次,这次是沿原路返回。只见山路上,绿阴爽道,似乎和不久前来时所见没有什么两样;只是在绿阴之中,时而传来了几声黄鹂的鸣叫声,却是来时路上未曾听到过的。

这时候,诗人看到这秀丽的江南景色,心情十分舒畅,很想吟一首诗。"这是多么生气勃勃的景象啊!"此刻,曾几诗兴涌来,为了抒发自己的情怀,立即提笔写了《三衢道中》诗,"绿阴不减来时路,添得黄鹂四五声",便是这首诗中的名句。

读故事·学古诗名句

"绿阴不减来时路,添得黄鹂四五声。"这两句描写作者初夏时在三衢山中旅行所见到的明媚风光,那浓绿的树荫,清脆的黄鹂叫声,更增添了山行中的幽静情趣。其中,"绿阴不减来时路"的"来时路",点明了这段路来的时候,曾经走过的。这次回程再经过,所以产生了与"来时路"作比较的感受。此外,"添得黄鹂四五声"中的"添得"两字,是照应上句中"不减"两字的。因为上句讲"绿阴不减来时路"。如果真是景色依旧,那是鼓不起游兴的。但是,"来时"没有听到黄鹂的叫声,而这次却听到了。这个情趣是新领略到的。所以要用"添得"二字。一方面暗示了"来时"和回去时季节变化,另一方面也暗示了作者踏上归途时的喜悦心情。

明日复明日,明日何其多

【名句】

　明日复明日①,明日何其多②。

【出典】

明文嘉《明日歌》。

【注释】

①复:又。
②何其:多么。

【译文】

明天又明天,明天为什么有那么多。

【原作】

　　明日复明日,明日何其多!明日待明日,万事成蹉跎。世人皆被明日累,明日无穷老将至。晨昏滚滚水流东,今古悠悠日西坠。百年明日能几何?请君听我《明日歌》。

【作者小传】

　　文嘉(1501~1583),明诗人、书画家。字休承,号文水。长洲(今江苏苏州)人。文

徵明次子。能诗善书法,画长于山水。岁贡生,授乌程训导,迁和州学正。著有《和州诗》,今存于《文氏五家诗》之中。据《和州诗》张伯起序称,其诗存者仅十之二三,《和州诗》系其子文梦珠搜辑成编,集外佚诗散见于书画著录中,较集中所收为佳。

古往今来,凡是有学问、有成就的人,无不是倍惜光阴,争分夺秒的人,他们发出过"光阴似箭,岁月如流"的忠告。然而有些青年人虽然也懂得时间的重要,但总认为时间还长着呢,来日方长,过了今天还有明天,今后再抓紧也不迟。为此,明朝学士文嘉,眼见一些糊涂的年轻人一天天浪费时间而不痛心,他们醉生梦死,虚度年华,还振振有词地说,"明日再说"。他认为这些人愚蠢之极,为了启发、教育他们珍惜时间,于是写了首《明日歌》,"明日复明日,明日何其多"便是这首诗中的名句。

"明日复明日,明日何其多。"这两句诗说明,许多人的大好时光是在"待明日"中白白流逝的,结果虚度一生,万事皆空。因而作者告诫人们:人生有限,时间珍贵,千万不要虚度年华,不要把今天的事推到明天去做,因为对于人的一生来说,明天并不是很多的。

牧童骑黄牛,歌声振林樾

【名句】

mù tóng qí huáng niú　gē shēng zhèn lín yuè
牧 童 骑 黄 牛①,歌 声 振 林 樾②。

【出典】

清袁枚《所见》。

【注释】
①牧童：放牛的孩子。
②樾：树荫。林樾：这里泛指树林。

【译文】
林边有了放牛娃，骑牛放牧乐哈哈，唱着山歌林边过，歌声响彻树荫下。

【原作】
牧童骑黄牛，歌声振林樾。意欲捕鸣蝉，忽然闭口立。

【作者小传】
袁枚(1716~1798)，清文学家。字子才，号简斋。浙江钱塘(今杭州)人。乾隆四年(1739)进士。选庶吉士，改知县，历知溧水、江浦、沭阳，调任江宁，称循吏，曾两次惩治某将军不法家奴。引疾家居，再起发陕西，丁父忧归，遂不出。卜筑江宁小仓山，号随园。天才颖异，论诗主性灵，能达他人欲达而不能达之意，士多效其体。与赵翼、蒋士铨称三家。著作繁多，有《小仓房诗文集》、《随园诗话》、《随园随笔》和笔记小说《子不语》等。《随园诗话》是他的代表作，有独特的文学见解。他提出"性灵说"，对儒家诗教提出异议。部分诗篇对汉儒和程朱理学发难，并宣称《六经》尽糟粕"。他主张直抒胸臆，词贵自然，反对泥古不化，强调自创精神。

有一年夏天，清代著名诗人袁枚看到一个天真活泼、机智灵活的牧童骑着黄牛在放牧。老黄牛非常温顺驯服，和牧童很友好。牧童骑在牛背上，自由自在，十分快乐，所以高兴地唱起山歌来，那歌声越唱越响，声波振荡得树林里的树木都要摇摆起来。正当牧童骑牛放牧，唱着歌从树林边走过时，忽然听到了树林子里蝉的鸣叫声，他高兴地循声寻找，找到了那只正在鸣叫的知了。他想动手把他捕捉，因此马上就闭上了嘴巴，停止了歌唱，站立在那里一动不动，两眼紧紧地盯着那只正在鸣叫的知了。

诗人袁枚看到此情此景，抓住牧童在一刹那间的行为和心理变化，为了刻画这个天真活泼、敏捷机灵的牧童形象,于是他挥笔疾书,即兴写了《所见》诗,"牧童骑黄牛,歌声振林樾"便是这首诗中的名句。

赏析

"牧童骑黄牛,歌声振林樾。"这两句写牧童骑着黄牛,口唱山歌,悠然自得的样子。这是多么奇妙的情景!天真中透出执拗和傲气,惹人喜爱,特别把孩子的天真神态刻画得淋漓尽致,颇具新意。这两句诗描写牧童生活的一个侧面,勾勒出牧童栩栩如生的形象,充满了生活的趣味。

满城风雨近重阳

【名句】

mǎn chéng fēng yǔ jìn chóng yáng
满　城　风　雨　近　重　阳①。

【出典】

北宋潘大临《满城风雨近重阳》。

【注释】

①满城:全城。近重阳:接近重阳节。

【译文】

满城的风雨,迎接着重阳佳节。

【原作】

满城风雨近重阳。

【作者小传】

潘大临(1057?~1106),北宋诗人。字邠老。其先为闽人,后居黄州(治今湖

北黄州)。曾从苏轼学诗,轼称之"清润潘郎"。亦与黄庭坚、张耒交善。其诗近黄庭坚,《浯溪中兴颂》即拟黄庭坚《书摩崖碑后》,词直意深,议论入微。《江上晚步》则句律严整,语言精工,得杜甫诗法。断句"满城风雨近重阳"以"单句神妙"而"脍炙千古"。今有《潘邠老小集》传世。

  北宋时,黄州有个平民诗人潘大临,字邠(bīn)老,家境贫寒,但他刻苦读书,曾经向苏轼学诗。他的作品中有许多佳句,获得当时著名诗人黄庭坚的称赞:"邠老,天下奇才也!"
  有一年三秋时节,金风飒飒,天高气爽,山水悠远,令人心旷神怡。潘大临觉得,秋来景物,到处都能引起诗兴,件件都能构成佳作,不免时时寻章觅句。
  这天清晨,他还躺在床上,听到屋外树林间风声雨声大作,忽然来了灵感,赶紧高兴地起身,把墙壁当成纸张,题了一句诗:"满城风雨近重阳。"
  他正想续下去时,突然外面响起了"嘭嘭嘭"的撞门声,接着几个差役破门而入,恶狠狠地向他催缴租税。这一来,他的诗思立即被抛到九霄云外,再也找不回来了。
  潘大临非常生气,但有什么办法呢!
  第二天,他接到好友谢无逸的来信,问他近日有什么新作,希望寄去拜读。他就回了一信,把当天的情况说了,同时将仅有的一句诗写上寄去。
  谢无逸收到信后,反复吟咏"满城风雨近重阳"这句诗,连声赞叹。
  可惜,不久潘大临便病死了,年龄还不到50岁。他终未能把诗续写下去。
  谢无逸为悼念好友,写了三首以"满城风雨近重阳"作为首句的七绝,其中有一首这样写道:"满城风雨近重阳,无奈黄花恼意香。雪浪翻天迷赤壁,令人西望忆潘郎。"

  "满城风雨近重阳。"这句诗写得很好,因为它写了重阳节前的那种风雨潇潇的秋天气氛,使人顿起时序推移的感觉。虽然只有一句,但也已使人吟味无穷了。所以后来诗人吕居仁读到这句诗,赞赏不已,甚至说:"文章之妙,到此为止了!"

漫漫平沙走白虹,瑶台失手玉杯空

【名句】

màn màn píng shā zǒu bái hóng　yáo tái shī shǒu yù bēi kōng
漫　漫　平　沙　走　白　虹①,瑶　台　失　手　玉　杯　空②。

【出典】

北宋陈师道《十七日观潮》。

【注释】

①漫漫:形容广阔无边的样子。平沙:平坦的沙滩。走:奔跑,滚动。白虹:这里比喻江潮像白色的长虹。

②瑶台:古代传说中神仙居住的地方。

【译文】

广阔无边的沙滩上,潮水就像奔跑着的白虹。也许是天上的神仙,不小心把玉杯中的美酒倒空。

【原作】

漫漫平沙走白虹,瑶台失手玉杯空。晴天摇动清江底,晚日浮沉急浪中。

【作者小传】

陈师道(1053~1101),字履常,一字无己,别号后山居士,彭城(今江苏徐州)人。哲宗元祐时,由苏轼等推荐,为徐州教授,后历任太学博士、颖州教授、秘书省正字。一生安贫乐道,闭门苦吟,家境困窘。苏门六君子之一,江西诗派重要作家。亦能词,其词风格与诗相近,以拗峭惊警见长。但其诗、词存在着内容狭窄、词意艰涩之病。代表作有《木兰花》(一)、《西江月》、《卜算子》、《南柯子》、《南乡子》(二)、《清平乐》(二)、《菩萨蛮》、《渔家傲》等。其中《西江月》(一)"尊前笑出青春"、"如酒如何不饮"等句的确奇特拗峭,语出惊人,情致风生,真是良宵美人,酒不醉人人自醉也!著有《后山先生集》,其词集为《后山词》。

北宋诗人陈师道一生穷困,但专心作诗,把精力全部倾注到创作中,成了江西诗派的一个代表作家。

他是个喜爱苦吟的诗人,平时,不论在家中,或到朋友家做客,或外出游览名胜古迹,总是想着作诗。当他一旦有了灵感,捕捉到了诗材,便马上回家,关起房门,躺在卧榻上蒙起被子,苦苦地寻觅好词佳句,不达目的不肯罢休。

这时,家中人就主动避开,不去打扰,直到他把诗吟哦出来。他的卧榻就称为"吟榻"。而江西诗派的开创人黄庭坚,也就称他为"闭门觅句陈无己"。

有一年农历八月十七日,陈师道到杭州钱塘江边观潮。大潮的汹涌气势使他惊心动魄,觉得非写诗描绘这印象不可。然而钱江大潮天下闻名,歌颂过它的诗人不知有多少,没有出奇制胜的笔墨,是很难超越前人的。

陈师道躺在"吟榻"上反复地想,果然找出一条蹊径,有了成果。于是,他挥笔铺纸写了《十七日观潮》诗,"漫漫平沙走白虹,瑶台失手玉杯空",便是这首诗中的名句。

"漫漫平沙走白虹,瑶台失手玉杯空。"这两句作者用浪漫主义的表现手法,生动地描绘了江潮汹涌、浪花飞溅的壮丽景象。句中把潮水比作滚滚前进的白虹,是十分形象生动的。虹形是弯弯的,这是形似。潮水远望是白色的。所以说是"走白虹",而不说"走彩虹"。这是色似。这里虽然作者没有写潮水如何汹涌澎湃,仅用了这个生动比喻,就把江潮初来时的壮丽景象展现在读者面前了。一个"走"字,把潮水的动态刻画出来了。此外,"瑶台失手玉杯空",这是一个大胆奇特的联想和想象,由江面的潮水联想到天上神仙饮的玉液琼浆。一个"空"字点明了钱塘潮白浪滔天、气象万千、气势不凡的由来。

宁可枝头抱香死,何曾吹落北风中

【名句】

nìng kě zhī tóu bào xiāng sǐ　hé céng chuī luò běi fēng zhōng
宁 可 枝 头 抱 香 死①,何 曾 吹 落 北 风 中②。

【出典】

南宋郑思肖《画菊》。

【注释】

①抱香死:比喻坚守节操,至死不变,菊花一般凋败后在枝头枯萎,故云。
②何曾:哪里曾经是,即不是。北风:指元朝。

【译文】

菊花宁愿枯死枝头,决不被北风吹落。

【原作】

花开不并百花丛,独立疏篱趣未穷。宁可枝头抱香死,何曾吹落北风中。

【作者小传】

郑思肖(1241~1318),南宋诗人、画家。字所南,一字忆翁。初名某,宋亡,改思肖,寓不忘赵宋之意。连江(今属福建)人。初以太学上舍应博学鸿词科。元军南下时,向朝廷献抵御之策,不报。宋亡,隐居吴下,寄食塉国寺,

自称三外野人。坐必向南,岁时伏腊,则望南野哭,再拜乃返。闻北语,必掩耳亟走。擅画墨兰,自易代后,为兰不画土,根曝于外,或问其故,则云国土为番人夺去。终身未娶,浪迹无定。临终属其友唐东屿为书一位牌,曰:大宋不忠不孝郑思肖。语讫而卒,年七十八。其论主张"灵气说",以为诗是天地、人心"灵气"的集中表现。其诗多以怀念故国为主题,表现了忠于赵宋的坚贞气节。代表作有《寒菊》等。著有《心史》、《所南翁一百二十图诗集》、《郑所南先生文集》传世。

　　南宋被元朝灭亡后,郑思肖隐居苏州,种田30亩,以此为生。他最擅长画兰花,画的兰花全都离地露根。最初,人们不理解他的用意,后来才知道,他是以画寄志。意思是,国土被敌人夺去,自己不愿当亡国奴。

　　苏州知府听说郑思肖人在境内,便派了一位亲信幕僚来拜访郑思肖。双方谈了一会儿,那位幕僚渐渐透露来意,说知府大人很赏识他的绘画才能,希望他画两幅画送去。

　　郑思肖知道这位知府的为人,甘心投敌,平时鱼肉百姓,便婉言谢绝了。

　　那幕僚碰了个软钉子,回去如实地向知府汇报。知府等过了十多天,又派了另一位幕僚再去向郑思肖索画。这位幕僚和郑思肖有过一面之交,很有把握地来到郑家。

　　主客寒暄了一阵,幕僚道出来意,郑思肖断然拒绝了。那位幕僚见软的不行,便带着威胁的口吻说:"老友在苏州治下,一点儿面子不给,恐怕未必妥当吧!"

　　郑思肖铁板着面孔,冷冷地要来人回去传话:"头可断,兰不可得!"那幕僚讨了个没趣,悻悻地走了。郑思肖一步也没有送他。

　　郑思肖情绪有些激动,凝望着庭院中的一丛菊花,在北风中挺立着,顿时豪情满怀,酝酿着一首诗,来抒发自己的感情。

　　他立刻挥笔,画了一幅菊花,题上了一首《画菊》诗,"宁可枝头抱香死,何曾吹落北风中"便是这首诗中的名句。

赏析

"宁可枝头抱香死,何曾吹落北风中。"这两句是题画诗,赞颂菊花抱香而死于枝头,而不为北风所吹落,比喻自己忠贞不屈,决不投降元朝。"宁可"二字,见出态度的坚决!这是作者民族气节的形象写照,反映了他作为一个民族气节的艺术家的崇高品格。此外,画中景物,传出了画外的意蕴,达到了景物美与意境美的完美契合,颇有韵致。

平生不敢轻言语,一叫千门万户开

【名句】

píng shēng bù gǎn qīng yán yǔ　yí jiào qiān mén wàn hù kāi
平　生　不　敢　轻　言　语①,一　叫　千　门　万　户　开②。

【出典】

明唐寅《鸡》。

【注释】

①平生:一生,一辈子。不敢:这里是不愿意,不肯的意思。轻言语:本来是轻易、随便说话的意思。在这里指随便、轻易地啼叫。
②千门万户:许许多多人家。

【译文】

虽然生来有副好嗓子,可是从来不愿轻易喊。等到黎明时候开口啼,叫得家家户户门齐开。

【原作】

头上红冠不用裁,满身雪白走将来。平生不敢轻言语,一叫千门万户开。

【作者小传】

唐寅(1470~1524),明诗文家、书画家。字伯虎,一字子畏,号六如。吴县(今

属江苏)人。弘治十一年(1498)乡试第一,故又称"唐解元"。会试时受科场舞弊案牵连下狱,被革黜功名。此后绝意仕进,致力于书画。为宁王朱宸濠聘至南昌,觉其有异谋,佯狂脱身。晚年皈依佛理,病故于家。其诗文不受"七子"风格影响,与文徵明、祝允明等独树一帜,以抒写个人真实感受为长。其画声名颇著,与沈周、文徵明、仇英合称"明四家"。江南民间多有其纵情诗酒的风流韵事流传。著有《六如居士集》(又称《唐伯虎全集》)传世。

　　唐寅(字伯虎)是明代的江南才子,善书画诗文。少年时曾读书求富贵,16岁入府学,正是年少英俊,才气奔放,在家中受到宠爱。由于文艺的薰陶,感情好像生长在营养特别丰富的土壤里,旺盛而又纤柔。他爱欢闹享乐,爱风花雪月,爱晨露夕阳……一切美好的东西他都喜欢和迷恋。

　　有一天,他看到一只大公鸡头上的红鸡冠,长得十分漂亮,逗人喜爱,这是天生的,用不着谁来恩赐或加工剪裁。这公鸡浑身上下披满了洁白的羽毛,昂首挺胸地款款走来。这时候,唐寅想到公鸡啼叫报晓,是有规定时间的,它一辈子都是不愿意随随便便乱叫的,每天到了黎明时刻,它高声一啼,家家户户都知道天亮起床了,挨家挨户的门也就打开了,又开始了一天新的生活。

　　唐寅面对眼前的大公鸡,画兴大发,立即铺纸泼墨,挥笔画了一幅公鸡图,又在图上题了一首《鸡》诗,"平生不敢轻言语,一叫千门万户开",就是这首诗中的名句。

　　"平生不敢轻言语,一叫千门万户开。"这两句以轻柔的笔触写公鸡的啼叫。因为千家万户清早起身打开门户,都是听雄鸡啼叫,所以它像知人意似的便不轻易乱啼。"轻言语"三字把鸡人格化了,表现了雄鸡不轻易扰人的品格,实则是作者精神风貌的反映。这两句写得形象生动,通俗易懂,引人遐想。

奇文共欣赏,疑义相与析

【名句】

qí wén gòng xīn shǎng　yí yì xiāng yǔ xī
奇 文 共 欣 赏①,疑 义 相 与 析②。

【出典】

东晋陶渊明《移居(其一)》。

【注释】

①奇:新奇,奇妙。
②相与:一起。析:分析。

【译文】

有奇妙的诗文大家一同欣赏,有疑义的地方互相讨论分析。

【原作】

昔欲居南村,非为卜其宅。闻多素心人,乐与数晨夕。怀此颇有年,今日从兹役。敝庐何必广,取足蔽床席。邻曲时时来,抗言谈在昔。奇文共欣赏,疑义相与析。

【作者小传】(见第16页)

· 106 ·

公元410年，陶渊明在浔阳紫桑里的旧居遭火灾后迁居于南村。他为什么要迁居搬家呢？这并不是要找一个舒适吉利的地方，而是因为新居这个地方有许多心地淳朴、气节高尚的人，是自己乐意朝夕相处的人。正是由于这一点，才使他早就有了搬家的愿望；虽然想法已经时间很长了，但直到现在才得以实现。这个新居房子并不大，也并不好，但诗人的要求也不高，只要能放张床和席，能挡挡风雨就心满意足了。

陶渊明搬家迁居后感到很欢欣，因为这里可以得到精神上的呼应和满足，平时邻居们聚在一起，高谈阔论，畅所欲言，无所不谈，无所拘束。有了奇文大家一起欣赏，有了疑问大家一起探讨磋商。这样的日常生活，怎能不使他心满意足呢？于是，陶渊明为了表达闲适、避世的生活情趣，欣然命笔，写了首《移居(其一)》诗，"奇文共欣赏，疑义相与析"便是这首诗中的名句。

"奇文共欣赏，疑义相与析。"这两句写陶渊明迁居南村后与邻里交往、共同谈诗论文的乐趣。表现了他与友人一起欣赏奇妙的文章，共同分析疑难的文义，显示了隐逸的雅兴。这两句后来化为成语"奇文共赏"。现在一般反其意而用之，把一些有错误、或内容很坏的文章叫做"奇文"。这与陶渊明诗中的原意正好相反。

岂不罹凝寒，松柏有本性

【名句】

qǐ bù lí níng hán　sōng bǎi yǒu běn xìng
岂不罹凝寒①，松柏有本性②。

107

【出典】
东汉刘桢《赠从弟》。

【注释】
①罹：遭受。凝寒：严寒。
②本性：秉性。

【译文】
难道松柏没有遭受严寒的侵凌吗？但是它依然苍劲挺立，这是由它坚贞的秉性决定的。

【原作】
亭亭山上松，瑟瑟谷中风。风声一何盛，松枝一何劲！冰霜正惨凄，终岁常端正。岂不罹凝寒，松柏有本性。

【作者小传】
刘桢(？~217)，汉末文学家。字公幹，东平宁阳(今属山东)人。为曹操丞相掾属，后为五官中郎将文学。性亢直。其五言诗在当时负有重名，为"建安七子"之一。后人以他与曹植并举，称为"曹刘"。作品流传很少，内容多为酬答亲朋，抒写个人抱负。

刘桢是一个傲岸不屈、秉性刚直的人，曾因"不敬"权贵的罪名而被关押过。

有一次，他因事路过一座大山，大山上青松挺立。这时候已值寒冬，山谷中吹出的风是多么的萧瑟，可是松树依然傲岸地挺立在高高的山上。他看到，尽管寒风凛冽，越刮越猛，可是松柏却显得更加坚定，即使是冰雪交加，也依然傲岸挺立，绝不动摇。这时候，刘桢自言自语地说道：难道是松柏不受这严寒冰雪的袭击吗？不！它并不是不受寒风冰雪的袭击，而是它不惧冰雪，不惧严寒的本性使它能够傲然挺立在冰雪严寒之中。刘桢对自己堂弟怀有殷切希望，希望他能够像松柏一样，能抵御住种种黑暗势力，在任何情况下也不低头，做一个堂堂正正的人,于是有感而发,挥笔写了首《赠从弟》诗,"岂不罹凝寒,松柏有本性"便是这首诗中的名句。

赏析

"岂不罹凝寒,松柏有本性。"这两句是写松柏强劲、端正的形象和不怕冰霜严寒的坚强品格,其实是以此为喻,勉励从弟要坚持理想,不同流俗,保持独立高洁的人格和坚贞不屈的操守。《论语》上说:"岁寒然后知松柏之后凋也。"刘桢可能从此意化来。"岂不罹凝寒,松柏有本性",常用来鼓励人们学习松柏的坚强品格。陈毅《冬夜杂咏》写道:"大雪压青松,青松挺且直。要知松高洁,待到雪化时。"意思与以上名句相似,但思想、意境更深更高了。

秋风萧瑟,洪波涌起

【名句】

qiū fēng xiāo sè　hóng bō yǒng qǐ
秋　风　萧　瑟①,洪　波　涌　起②。

【出典】

三国魏曹操《观沧海》。

【注释】

① 萧瑟:秋风声。
② 洪波:巨大的波浪。

【译文】

秋风呼呼地吹来,海上激起了巨大的波浪。

【原作】

东临碣石,以观沧海。水何澹澹,山岛竦峙。树木丛生,百草丰茂。秋风

萧瑟,洪波涌起。日月之行,若出其中。星汉灿烂,若出其里。幸甚至哉,歌以咏志。

【作者小传】(见第1页)

曹操在官渡打败了主要敌手袁绍,接着又北征乌桓(huán),一举获胜。那一年秋天,凯旋的队伍浩浩荡荡地行进在山路上。曹操骑着骏马,威风凛凛地走在前面。突然一阵风吹来,掀起了曹操的战袍。"弟兄们,前面就是渤海入海口了,大家休息一下,顺便上碣(jié)石山望望大海去!"曹操发令道。

一队人马来到碣石山,曹操兴致勃勃地登上峰顶。啊,无边无际的大海!只见湛蓝的水面,波光闪闪;耸立的岛屿,草木丛生。萧瑟的秋风中,汹涌的浪涛拍打着坚硬的礁石。相传从前秦始皇、汉武帝巡视这儿时,都曾登山观海,刻下石碑。曹操不由得心潮激荡,就像眼前的大海。波澜壮阔的大海啊,日月在它的胸中运行,星辰从它的怀抱升起,它包容了宇宙万物,包容了生生不息的世代。

曹操迎风伫立,浮想联翩。自己统一中国的抱负,不就像这大海一样宏伟壮美吗?他情不自禁地高声吟了《观沧海》诗,"秋风萧瑟,洪波涌起"便是这首诗中的名句。

"秋风萧瑟,洪波涌起。"这两句写秋风、波涛这些自然景物,通过丰富的想象,精练的语言,描绘大海波澜壮阔的宏伟气势和奇特壮丽的景象。其中"洪波涌起"仅四字就逼真地展现出了大海那种波澜壮阔的气势。"涌"字用得尤其出色。从这句描写中,我们不仅看到了大海波涌连天的形态,而且仿佛听到了惊涛拍岸的声音。这两句描写生动,气魄雄伟,意境开阔,反映了作者对伟大祖国壮丽河山的热爱和积极乐观的精神面貌。

110

清风两袖朝天去,免得闾阎话短长

【名句】

qīng fēng liǎng xiù cháo tiān qù　miǎn de lú yán huà duǎn cháng
清　风　两　袖　朝　天　去①,免　得　闾　阎　话　短　长②。

【出典】

明于谦《入京》。

【注释】

①朝天去:即入京去。古代君主自称是天的代表,故入京说成是"朝天"。
②闾阎:里巷,此指老百姓。话短长:说长道短。

【译文】

我只带着空空的两袖清风去朝见天子,免得老百姓对官场的邪恶风气说长道短。

【原作】

手帕蘑菇与线香,本资民用反为殃。清风两袖朝天去,免得闾阎话短长。

【作者小传】(见第47页)

　　明朝宣德年间,33岁的于谦出任河南巡抚。他一上任,就面临着一大堆棘手的事情。
　　前任官吏贪赃枉法,欺压平民,监狱里关着上千个无辜百姓。于谦一上任,就有不少"犯人"家属前来喊冤。于谦查看了案卷,调查了案情,果然大多数都是地方豪强买通官府,诬告善良百姓,将他们送进了监狱。于谦毅然平反冤狱

数百起,伸张了正义,抚慰了民心。

河南境内的黄河大堤多年不修,有的地方堤岸倒塌,如果黄河泛滥,可真十分危险。于谦发动人民增筑黄河堤障,以防水患。堤岸修好后,河南地方连续几年获得丰收。

可是,与河南接邻的山东、山西、陕西等地方这几年却水旱成灾。灾民流入河南,多达20万人。按照朝廷的法令,于谦应当把这些没有"路引"(通行证)的灾民,遣返回乡以追索税粮。可是当于谦看到一批批的灾民忍饥挨饿的悲惨景象,甘冒"有违国法"的罪名,奏请发放官仓的存粮救济灾民。同时,他又把灾民安置在附近的州县,并拨给一批荒田,发给耕牛、种子,让灾民能够生产自救。同时将此事上奏给朝廷。

朝廷召于谦进京议事。按照往常的"规矩",地方官员进城,得给京里的宦官和大臣带上礼物,好让他们在皇帝面前说些好话,这对地方官以后的升迁与否大有关系。于谦以前每次入朝,都是"空囊以入",一点儿礼物也不带,使那些宦官和大臣们大失所望。这一次,于谦身边的人又劝他说:"你虽然不愿送金宝去攀附权贵,可至少也得带点儿土特产去送送人情呀!"

于谦哈哈一笑,吟了这首《入京》诗,"清风两袖朝天去,免得闾阎话短长",便是这首诗中的名句。

赏析

"清风两袖朝天去,免得闾阎话短长。"这两句是于谦在任地方官入京议事时的感叹。他宁愿"两袖清风",也决不搜刮民财去进献而被百姓背后议论指斥,反映了于谦为官节俭和清廉的作风。作为一个封建社会的官吏,能够如此不扰民、不害民、不谄上,顾及舆论与颜面,是很可贵的。至今,这两句所反映的思想,仍有一定的借鉴之处。它说明一个国家的官员,应该不沾、不贪,全心全意为人民服务,绝不能不顾国家与舆论去做妨害百姓的事情。

千磨万击还坚劲,任尔东西南北风

【名句】

qiān mó wàn jī hái jiān jìng　rèn ěr dōng xī nán běi fēng
千 磨 万 击 还 坚 劲①,任 尔 东 西 南 北 风②。

【出典】

清郑燮《竹石》。

【注释】

①千磨万击:千万次折磨,千万次打击。形容艰难困苦折磨极多。坚劲:坚强有韧性,不屈不挠。
②任尔:随便你。尔,你。东西南北风:比喻各方面来的困难、阻挠和打击。

【译文】

千万次磨难和打击不能使它低头,越磨炼它越锻炼得不屈不挠。随便你刮什么东西南北飓风,也不能使它有丝毫的屈服和动摇。

【原作】

咬定青山不放松,立根原在破岩中。千磨万击还坚劲,任尔东西南北风。

【作者小传】

郑燮(1693~1765),清书画家、文学家。字克柔,号理庵,又号板桥。江苏兴化人。乾隆元年(1736)进士,曾官山东范县、潍县知县,因得罪豪绅而罢官。在官前后,皆居扬州,卖画为生,画以写兰竹著称,书号"六分半体",均有重名,为"扬州八怪"之一。其诗词作品能反映其不满黑暗现实、同情人民疾苦的思想感情和反抗压制、心胸磊落的情操。抒情写意,痛快淋漓。所为乐府诸篇,言近旨远,风格似白居易、陆游,沉郁悲凉之慨,上追杜甫。其文艺理论,亦多独创,具有鲜明的战斗性。亦擅通俗文学,所作《道情》脍炙人口。著有《板桥集》。

郑燮(号板桥)在山东潍县当知县的乾隆十一、十二年间(1746~1747),山东大灾,潍县饿死了很多老百姓。当时,他用"以工代赈"的办法,招集农民修筑城池,责成当地富家大户拿出粮食来,开设粥厂,轮流进行救荒。同时,他全部查封了投机商人屯积的粮食,限令他们平价卖给老百姓。

但是,灾荒越来越严重,甚至发生了人吃人的惨象。这时,郑燮决定动用官仓里的粮食来救济灾民。有人提醒他,开官仓救荒必须先向上级呈报请示,郑燮回答道:"现在是什么时候?等到辗转申报再批示下来,老百姓早就一个不剩了!如果上级怪罪下来,责任由我来负!"

这样,救活了成千上万的灾民!

然而,由于郑燮做官一向爱护平民百姓,遭到土豪劣绅的极大不满。他们便趁机诬告他借救灾贪污舞弊。他非常气愤,觉得那些小人的手段十分卑鄙无耻,认为自己廉洁奉公的节操是不怕任何造谣诬蔑的。于是,他托物言志,为了表白自己的人生态度和高尚情操,挥笔写了《竹石》诗,"千磨万击还坚劲,任尔东西南北风",便是这首诗中的名句。

"千磨万击还坚劲,任尔东西南北风。"这两句写竹石的坚定和顽强,它任凭各方面来的风猛刮,不管受到多大的折磨打击,它仍然坚定强劲。"千磨万击",突出了磨难打击之多。"还坚劲",突出了竹子的不屈不挠的顽强精神。句中,"千磨万击"、"任尔"等词语的运用,赞美了竹石傲视一切的无畏品格,隐寓了作者风骨的强劲。现在这两句常被用来形容革命者在斗争中的坚定立场和受到敌人打击决不动摇的高尚品格。

日出而作,日入而息

【名句】

rì chū ér zuò　rì rù ér xī
日　出　而　作①,日　入　而　息②。

【出典】

古逸歌谣《击壤歌》。

【注释】

①作:起,起来。
②息:止,休息。

【译文】

太阳出山我耕作,太阳落山我休息。

【原作】

日出而作,日入而息。凿井而饮,耕田而食。帝力于我何有哉!

我国上古时代有一位著名的首领,古人称为帝尧,号陶唐氏。他是传说中

的父系氏族后期部落联盟领袖。古人把他描述得非常贤明,说他的品德高尚,生产经验丰富;又说他曾经设置官吏掌管时令,制定历法;还说他经常征询四方部落首领的意见来治理天下等等。总之,古人认为那个时代天下太平,因而常称太平盛世、太平岁月为"尧年"、"尧天"。

据说,有一次尧出外巡游,所到之处都见男女老少欢快和睦,安居乐业,他觉得很高兴。

尧来到一个村子,看见有几个白胡子、白眉毛的老人,正在空场地上玩击壤的游戏,旁边一些孩子围着观看,大声叫好,露出跃跃欲试的神情。

"击壤"这种古代游戏,是把一块草鞋大小的长方形木块(称为"壤")竖立在地上,然后人离开它三四十步远,掷出另一块同样的木块去击倒它,谁击倒的次数多,谁就得胜。

尧很有兴趣地看着这些老人玩游戏,这时有个过路人也站定身子看热闹。过了一会儿,他感慨地说:"尧真伟大,他的德政使老百姓生活得多么安定快活啊!"

那正在起劲地玩的老人听了却不以为然,一边把木块掷出去,一边唱着《击壤歌》。"日出而作,日入而息"便是这首歌中的名句。

"日出而作,日入而息。"这两句语言简朴通俗,描绘出上古时代自食其力、自得其乐的理想国的生活,借以表达清静无为、顺应自然的哲学思想。这两句歌谣对后代产生了巨大的影响。作家们往往以如此的远古社会,来同封建的黑暗社会相对照。东晋大诗人陶渊明依据这种思想,构筑了自己的理想国,写出了著名的《桃花源记》。现在,"日出而作,日入而息",成为人们形容自食其力、自由自得的快乐生活的口头语。

人归落雁后,思发在花前

【名句】

rén guī luò yàn hòu　sī fā zài huā qián
人 归 落 雁 后①,思 发 在 花 前②。

116

【出典】

隋薛道衡《人日思归》。

【注释】

①落：居，落在……后。
②思：思归。传说鸿雁正月从南方返回北方。

【译文】

我返回故乡的时间，将要落在北飞的大雁后面，但思归念头早就在春花未开之前萌发了。

【原作】

入春才七日,离家已二年。人归落雁后,思发在花前。

【作者小传】

薛道衡(540~609),隋文学家。字玄卿。河东汾阴(今山西万荣西南)人。曾历任吏部侍郎、内史侍郎,进位上开府。隋炀帝初年,转番州刺史,入拜司隶大夫。因上《高祖文皇帝颂》,为炀帝见疑,被害。与卢思道齐名。擅长五言诗。已开融合南北诗风之趋势。《昔昔盐》感情真切,体物工致,音律和婉,为传世名篇,"空梁落燕泥"之句尤为人所赏。《人日思归》思致深婉,为唐前五绝之佳作。著有《薛道衡集》,已佚。明人辑有《薛司隶集》行世。

公元584年,隋文帝派著名诗人薛道衡出使陈朝。

薛道衡从隋都大兴(今陕西省西安市)启程,行车乘船,到达陈都金陵(今江苏省南京市)已是第二年的正月初七了。当天晚上,陈朝的大臣们设宴招待他。席间,陈朝尚书令江总想试试在北方很有诗名的薛道衡的诗才,就请他即席赋诗。薛道衡也不谦让,有礼貌地请江总拟出一个题目。江总想了想,说:"今天正好是人日(古代把正月初七立为'人日'),就以'人日'为题吧!"薛道衡稍稍沉思了一下,开口吟了《人日思归》诗,"人归落雁后,思发在花前",便是这首诗中的名句。大家听了,纷纷拍手喝彩,对薛道衡的诗才赞不绝口。

赏析

"人归落雁后,思发在花前。"这是两句构思新巧、想象奇妙的思乡名句。它好在什么地方呢?试看,归念早于花开之前,归时迟于雁归之后,即花未开而归思已动,雁归而人未归。这一写,就把想归而不能马上归的着急心态以及迫不及待要归的心情充分地表达了出来。而且,又是以雁归作衬托,更加增添了诗的感情色彩。短短十字,极通俗而又耐人寻味地披露出殷切的思乡情怀,不愧为千古名句。

人生自古谁无死,留取丹心照汗青

【名句】

rén shēng zì gǔ shuí wú sǐ　liú qǔ dān xīn zhào hàn qīng
人　生　自古　谁　无　死①,留取丹　心　照　汗　青②。

【出典】

南宋文天祥《过零丁洋》。

【注释】

①丹心:红心,比喻忠心。
②汗青:史册。古代没有发明纸以前,人们常用竹简写字记事,新采用的竹片是青色的,必须先用火烤干后便于书写,在火烤后,青竹简上冒出水分,像汗水,所以后人用"汗青"作为史册的代称。

【译文】

自古以来谁不死,我只愿把赤胆忠心留下来,永照史册传万代。

【原作】

辛苦遭逢起一经,干戈寥落四周星。山河破碎风飘絮,身世浮沉雨打萍。惶

恐滩头说惶恐,零丁洋里叹零丁。人生自古谁无死,留取丹心照汗青。

【作者小传】

文天祥(1236~1283),南宋大臣、文学家。初名云孙,字天祥。后改名天祥,字宋瑞,又字履善,号文山。吉州吉水(今江西吉安)人。宝祐四年(1256)举进士,理宗亲擢第一。累迁至尚书左司郎官。后忤贾似道,遂致仕。咸淳九年(1273),起为湖南提刑;十年,改知赣州。德祐元年(1275),元兵南侵,天祥组织义军勤王。次年,临安被围,受命入元军谈判,被执,逃归。拜右丞相。益王立(1276),进左丞相,都督江西。卫王立(1278),加封少保、信国公,进屯潮阳。旋兵败被俘,囚拘燕京四年,终不屈,英勇就义。诗存 800 余首。以临安沦亡为界,可分为前后两个时期。前期 200 余首,多咏物应酬之作,受江湖诗派影响较深;后期 500 余首,以亡国被俘之惨痛发而为诗,满腔悲愤、忠义凛然,成就辉煌。如《扬子江》、《过零丁洋》、《正气歌》等,为千古传诵。风格上,后期诗主要学杜甫,沉郁悲壮。文存 500 余篇,"亦极雄赡,如长江大河,浩瀚无际"。其《指南录后序》,最为有名。词存 10 余首,《酹江月》、《满江红·代王夫人作》等,悲愤激越,一如其诗。有《文山先生全集》二十卷传世。

文天祥 18 岁时,获庐陵乡校考试第一名,20 岁入吉州(今江西吉安)白鹭洲书院读书,同年即中选吉州贡士,随父前往临安(今杭州)应试。在殿试中,他作"御试策"切中时弊,提出改革方案,表述政治抱负,被主考官誉为"忠君爱国之心坚如铁石",由理宗皇帝亲自定为 601 名进士中的状元。

1278 年春末,端宗病死,陆秀夫等再拥立 6 岁的小皇帝,并加封文天祥为信国公。冬天,文天祥率军进驻潮州潮阳县,欲凭山海之险屯粮招兵,寻机再起。然而,元军水陆猛进,发起猛攻。年底,文天祥在海丰北五坡岭遭元军突然袭击,兵败被俘,立即服冰片自杀,未果。降元的张弘范要文天祥下跪投降,文天祥断然回答说:

"我能死,不能拜!"

当时,宋朝大臣张世杰、陆秀夫另立信王赵昺(bǐng)为帝。张弘范要文天祥写信劝降张世杰。文天祥严辞拒绝。张弘范又命人拿来笔墨,硬逼他写信。文天祥接过笔,毫不犹豫地写了《过零丁洋》诗,"人生自古谁无死,留取丹心照汗

青",便是这首诗中的千古名句。

赏析

"人生自古谁无死,留取丹心照汗青。"这两句直抒胸臆,表示誓死报国的决心,写得气势磅礴,激昂慷慨,表现了作者崇高的爱国情怀和坚贞的民族气节。它是诗人忠贞肝胆的披露,闪光一生的写照。诗人之所以能够经受那辛苦寥落的干戈岁月,能够在元军南侵时倾家以抗战。能够在九死一生中奋力拼杀,义无反顾,全因为他要"留取丹心照汗青",因为他认识到自古以来,没有哪一个人能够逃脱死运,而"我",要留下这赤胆忠心永照史册。"谁无死",冠以"自古",把千古之人不可逃脱的人生规律揭示出来,表示自己死得其所。这两句诗传诵千古,表现了文天祥救国无成后——死以明志的坚毅意志和高尚情操。

读故事·学古诗名句

疏影横斜水清浅,暗香浮动月黄昏

【名句】

shū yǐng héng xié shuǐ qīng qiǎn　àn xiāng fú dòng yuè huáng hūn
疏 影 横 斜 水 清 浅①,暗 香 浮 动 月 黄 昏②。

【出典】

北宋林逋《山园小梅》。

【注释】

①疏:稀疏。
②暗香:幽香。

【译文】

稀疏的花影横斜在清浅的泉水上,清幽的芳香浮动在黄昏的月光下。

【原作】

众芳摇落独暄妍,占尽风情向小园。疏影横斜水清浅,暗香浮动月黄昏。霜禽欲下先偷眼,粉蝶如知合断魂。幸有微吟可相狎,不须檀板共金樽。

【作者小传】

林逋(967~1028),北宋诗人。字君复。钱塘(今浙江杭州)人。性恬淡好古,不乐仕进,年轻时优游于江、淮间,晚年归隐杭州,结庐西湖孤山,二十

121

年不涉足城市。在居所植梅养鹤，人称梅妻鹤子。自为墓于其庐侧。仁宗赐谥和靖先生。逋善行书，喜做诗，且多奇句。往往诗稿写完就扔掉，因欣赏其才学有人偷偷记下，今所传尚有300余篇。其诗澄淡高逸。七言律诗《山园小梅》是其代表作，其中"疏影横斜水清浅，暗香浮动月黄昏"一联备受后人激赏，为咏梅千古绝唱。"疏影"、"暗香"亦成后人填咏梅词之调名。著有《林和靖诗集》四卷。

北宋诗人林逋小时家中贫穷，仍刻苦攻读，长大后学识渊博，不愿做官，长期隐居在西湖孤山，二十年来没有进城。

林逋平日非常喜爱梅花，觉得梅花不染尘俗，骨秀神清，品性高洁，正像自己不慕富贵名利的性格那样。因此，他在自己几间茅屋的四周，种上了300多株梅树，有腊梅，也有早梅，有红梅、绿梅，也有白梅……每当寒冬初春时节，万花怒放，尽美极妍，飘散在空气中的花香，更是清幽淡远，沁人心脾。

这时，林逋便在万花丛中徜徉、观赏，酝酿他的诗作。

一天，林逋倒背双手，来到了疏影横斜的水边，此时月近黄昏，早春的风还带着几分寒气，使得刚离开火炉的他觉得有点儿冷，但那丝丝缕缕的梅花香气，在空气中漂浮。于是他有感而发，写了《山园小梅》诗，"疏影横斜水清浅，暗香浮动月黄昏"，便是这首诗中的名句。

"疏影横斜水清浅，暗香浮动月黄昏。"这两句是赞美梅花的清秀风姿和迷人的香气。它出典于南唐江为的诗句"竹影横斜水清浅，桂香浮动月黄昏"，原诗中只改了两个字，却如神来之笔，遂使此句成为咏梅的千古名句。由于这两句写得非常好，后人甚至把"疏影"、"暗香"作为梅的代名词。南宋词人姜夔曾创有《暗香》、《疏影》为调名的自度曲，可见此名句的影响之大。

始知锁向金笼听,不及林间自在啼

【名句】

shǐ zhī suǒ xiàng jīn lóng tīng　bù jí lín jiān zì zài tí
始 知 锁 向 金 笼 听①,不 及 林 间 自 在 啼②。

【出典】

北宋欧阳修《画眉鸟》。

【注释】

①始知:才知道,才晓得。锁:关在。金笼:形容鸟笼贵重。听:从第三者立场说。
②不及:比不上。林间:树林中。自在啼:自由自在地叫。

【译文】

现在才知道关在笼中的画眉鸟,其叫声远不如在林中自由自在的啼叫声优美、随意。

【原作】

百啭千声随意移,山花红紫树高低。始知锁向金笼听,不及林间自在啼。

【作者小传】

欧阳修(1007~1072),北宋政治家、文学家。唐宋八大家之一。字永叔,号醉翁,晚号六一居士。吉州吉水(今属江西)人。欧阳修自称庐陵人,因为吉州原属庐陵郡。

景祐三年(1036),范仲淹因上章批评时政,被贬饶州;欧阳修为他辩护,被贬为夷陵(今湖北宜昌)县令。康定元年(1040),欧阳修被召回京,复任馆阁校勘,后知谏院。庆历三年(1043),范仲淹、韩琦、富弼等人推行"庆历新政",欧阳修参与革新,提出了改革吏治、军事、贡举法等主张。庆历五年,范、韩、富等相继被贬,欧阳修也被贬为滁州(今安徽滁州)太守。至和元年(1054)八月,奉诏

入京,与宋祁同修《新唐书》。嘉祐二年(1057)二月,欧阳修以翰林学士身份主持进士考试,提倡平实的文风,录取了苏轼、苏辙、曾巩等人,这对北宋文风的转变很有影响。嘉祐五年(1060),欧阳修拜枢密副使,次年任参知政事;以后,又相继任刑部尚书、兵部尚书等职。神宗熙宁二年(1069),王安石实行新法。欧阳修对青苗法曾表异议,且未执行。熙宁三年(1070),除检校太保宣徽南院使等职,坚持不受,改知蔡州(今河南汝南县)。这一年,他改号"六一居士"。熙宁四年(1071)六月,以太子少师的身份辞职,居颍州。卒谥文忠。主要作品为与宋祁合修《新唐书》,独撰《新五代史》(《伶官传序》出于此)。有《醉翁亭记》、《秋声赋》、《六一词》等,结为《欧阳文忠集》。《六一诗话》是我国第一部诗话。

宋庆历六年(1046),在朝廷做官的欧阳修被贬为滁州知州。滁州山清水秀,风光宜人。一天,欧阳修和家人一起去幽谷探胜。他们走进枝叶茂盛的树林,只见无数画眉鸟在林间欢快地鸣叫,声音很好听,便叫家人抓了一只,回去养在笼中。

这天,欧阳修在书斋看书,忽然听到笼子里的画眉鸟在叫,声音听上去还是比不上林子里的画眉鸟叫得悦耳动听。欧阳修望着笼中的鸟儿,不禁联想到,自己虽然被贬,却好比那脱笼的鸟儿,可以在林中自在地吟唱,而锁在笼中的鸟儿怎么比得上林间的鸟儿自由自在呢!这正是值得庆幸的事啊!他想着想着,不禁触景生情,写了首《画眉鸟》诗,"始知锁向金笼听,不及林间自在啼"便是这首诗中的名句。

"始知锁向金笼听,不及林间自在啼。"这两句写诗人的感想,情景结合,寓意深远,反映了作者对自由自在生活的追求和向往。句中的"锁向"、"不及"等具有表现力的词语,刻画了画眉鸟被囚的痛苦。此外,这两句运用对比和比兴手法,突出了渴望"自在"的主题,反映了作者被贬到滁州(今安徽滁州),感到远离朝中权贵反而自由自在的高兴心情。现在,这两句常被用来表现追求不受约束而随意自适的自由生活的思想感情。

死去元知万事空,但悲不见九州同

【名句】
sǐ qù yuán zhī wàn shì kōng　dàn bēi bú jiàn jiǔ zhōu tóng
死 去 元 知 万 事 空①,但 悲 不 见 九 州 同②。

【出典】
南宋陆游《示儿》。

【注释】
①元知:原本就知道。万事空:一切都完了。
②但:只。九州:即全中国。

【译文】
本来就知道人死后一切都完了,只是痛心没有见到祖国的统一。

【原作】
死去元知万事空,但悲不见九州同。王师北定中原日,家祭无忘告乃翁。

【作者小传】(见第22页)

　　陆游是南宋杰出的爱国诗人。他一生写有大量诗歌,流传下来的还有9000多首。他写的诗歌,思想境界和艺术成就都很高,当时人们就称他为"小太白"(太白是唐代大诗人李白的字)。
　　陆游生于宋徽宗宣和七年(1125),也就是金国发动侵宋战争的同一年。早在婴儿时代,他就经历了兵荒马乱的生活。后来,金国侵占了北方大片土地,宋朝无力抵抗,只得妥协求和,偏安临安(今浙江杭州)。

陆游非常痛恨金国的侵略。他长大以后,坚持抗金。可是,这位爱国志士始终没有得到重用。他虽然做过几任不大不小的官,也一再遭到罢官的处分。在这样的情况下,他的抗金愿望当然无法实现。

长期以来,陆游非常苦闷。他多么盼望大宋朝能统一金国,让老百姓过上安宁的日子。直到晚年,他还念念不忘这件大事。85岁那年,陆游病倒了。眼看病情越来越严重,他知道自己不会好了。临死前,他对几个儿子说:

"你们都前来,我有话向你们说。"

几个儿子以为他要托付家事,都跑到病床前,等候他的嘱咐。陆游喘了一口气说:

"给我拿纸笔来。"

一会儿,纸笔拿来了。几个儿子把他扶了起来,陆游吃力地拿起笔,写了这首《示儿》诗。"死去元知万事空,但悲不见九州同"便是这首诗中的名句。

"死去元知万事空,但悲不见九州同。"这两句以极其悲抑的心情,写他死前念念不忘的唯有祖国统一这件大事。诗人告诉儿子。他生无所恋,死无所惧,本来就知道人一死去万事皆空;只是没有亲眼见到祖国的统一,使他饮恨终天。这沉重而悲痛的叹息,凝聚着他一生八十多年来的感慨、苦闷和悲愤。他是多么希望能早日驱逐入侵之敌,实现祖国统一,让南北人民团聚啊!诗句中一个"但"字,充分显示了诗人的爱国之心多么真切,悲愤之情多么凝重——个人荣辱、功名的有无,以及子孙后代的前程,均可不予考虑,唯独祖国江山的统一使他至死也牵挂于心。此外一个"悲"字,既写出了诗人对北方敌占区人民的深切关怀与同情,又反映了诗人对偏安江南,沉醉于酒色歌舞之中的南宋小朝廷,对那些贪生怕死的投降派的无比愤慨。

少年易老学难成,一寸光阴不可轻

【名句】

shào nián yì lǎo xué nán chéng　yí cùn guāng yīn bù kě qīng
少 年 易 老 学 难 成①,一 寸 光 阴 不 可 轻②。

【出典】

南宋朱熹《劝学》。

【注释】

①易:容易。
②轻:轻忽。

【译文】

年轻人容易变老,学业却很难成功。因此,更应该珍惜每一寸光阴,不可轻易浪费。

【原作】

少年易老学难成,一寸光阴不可轻。未觉池塘春草梦,阶前梧叶已秋声。

【作者小传】(见第 42 页)

朱熹是南宋哲学家、教育家,一生努力研究学问,广泛地注解了我国的古典文献,对于经学、史学、乐律以及自然科学,都有不同程度的贡献。他博览群书,分析精密,许多见解符合实际道理;同时,钻研学问孜孜不倦,寒来暑往从不中止。这种良好的学风,对他的弟子和后人都有很大的影响。

当然,他的弟子以及所接触的青年中,也有因爱好嬉游或因懒惰而荒废学业的,每当遇到这种情况时,朱熹便用切身经验告诫他们应该勤学,不能偷懒,免得将来老大无成。

有一次,正是秋风阵阵梧桐飘叶的时节,朱熹站在屋檐下,看着满地翻卷的枯叶,想到自己已年老体衰,还有很多事情想做却没有来得及做,未免产生"岁月如驶不待人"的感慨。

这时,一阵青少年打闹的笑声从墙外传来,朱熹便叹息说:"年轻人太不懂得时间的可贵了!"他想起弟子中间,也有个别人在春天里老是昏昏沉沉爱打瞌睡的。他觉得,任何人做事读书,都应该有劳有逸,业余时间走走玩玩是很必要的,但是却不能在学习时也想睡觉呀……

朱熹这么想着，想着，于是写了首《劝学》诗，"少年易老学难成，一寸光阴不可轻"，便是这首诗中的名句。

"少年易老学难成，一寸光阴不可轻。"这是朱熹用切身体会告诫年轻人的经验之谈。说明人生易老，学问难成，因而必须爱惜寸阴。因其"易老"，故"不可轻"，可见惜时之重要。这两句语重心长地劝导青少年应当珍惜自己美好的年华，努力学习，切莫让可贵的时光从身边白白地溜走。

少壮不努力，老大徒伤悲

【名句】

shào zhuàng bù nǔ lì　lǎo dà tú shāng bēi
少　壮　不努力①, 老大徒　伤　悲②。

【出典】

汉乐府《长歌行》。

【注释】

①少壮：年轻力壮。这里指青少年。
②老大：年老时。徒：只。

【译文】

如果年轻力壮的时候不努力，不珍惜时间，那么到年老的时候只能白白地伤心了。

【原作】

青青园中葵，朝露待日晞。阳春布德泽，万物生光辉。常恐秋节至，焜黄华叶衰。百川东到海，何时复西归？少壮不努力，老大徒伤悲。

【作者小传】

"乐府"原是古代掌管音乐的官署。秦及西汉惠帝时都设有"乐府令"。汉武帝时的乐府规模较大,其职能是掌管宫廷所用音乐,兼采民间歌谣和乐曲。魏晋以后,将汉代乐府机关所搜集演唱的诗歌,统统称为乐府诗。

汉乐府创作的基本原则是"感于哀乐,缘事而发"(《汉书·艺文志》)。它继承《诗经》现实主义的优良传统,广阔而深刻地反映了汉代的社会现实。汉乐府在艺术上最突出的成就表现在它的叙事性方面;其次,是它善于选取典型细节,通过人物的言行来表现人物性格。其形式有五言、七言和杂言,尤其值得重视的是汉乐府已产生了一批成熟的五言诗。流传下来的汉代乐府诗,绝大多数已被宋朝人郭茂倩收入他编著的《乐府诗集》中。

汉代有一位诗人,在和他接触的青年人中,有一些人因爱好嬉游,于是懒惰而荒废学业,遇到这种情况,他很自然地联想到园子里青绿色的向日葵。当向日葵正处于生长旺盛的时候,充满了活力和生机,带着清晨晶莹的露珠,十分娇艳可爱,正待清晨的阳光把它晒干。正是这温暖无限的春天,把阳光雨露洒遍人间,才使万物充满了生机。人生的春天也同自然界的春天一样美好,一样充满希望。

有一次,正是秋风阵阵、花木凋落的时节,园子里的花草已经枯萎,这位诗人想到江河东流不再西归,人生的青春年华是美好的,但也是很短暂的;诗人已年老力衰,还有许多事情想做却没有来得及做,未免产生"岁月不待人"的感觉。

这时,一阵孩子们打闹的嬉笑声从墙外传来,诗人便叹息说:"年轻人太不懂得时间的珍贵了!"他看到有些年轻人醉生梦死,虚度年华,深切体会到,青春不会再来,人们只有趁大好的青春年华,做出业绩,干出一番事业,否则,年老无成,只会悲叹。

于是,这位诗人想着,想着,情不自禁地挥笔写了乐府民歌《长歌行》诗,"少壮不努力,老大徒伤悲",便是这首诗中的名句。

"少壮不努力,老大徒伤悲。"这两句诗规劝人们要珍惜自己的青春年华,不要

让大好的年华白白地浪费。如果人年轻时不努力学习、工作,到了年老的时候就为自己的一事无成而悲伤。可是,青春年华就如同那滔滔东去的江水一样,是一去不复返的,到了年老的时候悲伤叹息又有什么用呢?"少壮不努力,老大徒伤悲。"这千古名句多少年来一直激励着我们去搏击人生,以奋发向上的乐观态度看待似水流年的人生。

时穷节乃见,一一垂丹青

【名句】

shí qióng jié nǎi xiàn　yī yī chuí dān qīng
时 穷 节 乃 见①,一 一 垂 丹 青②。

【出典】

南宋文天祥《正气歌》。

【注释】

①时穷:时势危难时。节:节操。见:同"现"。
②丹青:红色和青色颜料,古代绘画用。这里泛指史册。

【译文】

当国运危难时,这种正气表现在臣民的坚守节操上,然后名垂青史。

【原作】

天地有正气,杂然赋流形。下则为河岳,上则为日星。於人曰浩然,沛乎塞苍冥。皇路当清夷,含和吐明庭。时穷节乃见,一一垂丹青。在齐太史简,在晋董狐笔。在秦张良椎,在汉苏武节。为严将军头,为嵇侍中血。为张睢阳齿,为颜常山舌。或为辽东帽,清操厉冰雪。或为出师表,鬼神泣壮烈。或为渡江楫,慷慨吞胡羯。或为击贼笏,逆竖头破裂。是气所磅礴,凛烈万古存。当其贯日月,生死安足论。地维赖以立,天柱赖以尊。三纲实系命,道义为之根。嗟予遘阳九,隶也实不力。楚囚缨其冠,传车送穷北。鼎镬甘如饴,求之不可得。阴房阗鬼火,春院闭天黑。牛骥同一皂,鸡栖凤凰食。一朝蒙雾露,分作沟中瘠。如此再寒暑,

百沴自辟易。嗟哉沮洳场,为我安乐国。岂有他缪巧,阴阳不能贼。顾此耿耿在,仰视浮云白。悠悠我心悲,苍天曷有极。哲人日已远,典刑在夙昔。风檐展书读,古道照颜色。

【作者小传】(见第 119 页)

1278 年年底,文天祥被敌人俘虏,第二年被押解至元朝统治者的京城,关在土牢里。

文天祥面容苍白,头发散乱地披在肩上,他扶着墙壁一步一步地挪动,心里默默地数着今天走了几步。他想,只要一天不死,我就要准备斗争。忽然,看守打开了牢门,把文天祥带了出去。

原来,元世祖忽必烈亲自来劝文天祥投降,他尽量把语气放得温和地对文天祥说:"久仰先生大名,知道你是顶天立地的汉子。我如今正要重用人才,只要你肯归顺,保你享不尽的荣华富贵!"文天祥把眼睛睁得圆圆的,咬牙切齿地吐出两个字:"休想!"忽必烈花言巧语引诱了半天,文天祥再也没有开口。"来人,"忽必烈恼怒极了,"把他送回土牢……"

文天祥躺在潮湿的泥地上,从江河山岳想到日月星辰,觉得天地之间充满了浩然正气。人如果具有这种浩然正气,就会报效国家,甚至在国家危难之时,保持忠贞的气节,不惜为国家牺牲生命,让自己的名字永垂史册。我要磨炼自己,使自己一身充满正气。就这样,文天祥挥笔写了《正气歌》,"时穷节乃见,一一垂丹青",就是这首诗中的名句。

"时穷节乃见,一一垂丹青。"这两句名句是文天祥在狱中所作。它以愤慨炽热的感情,铿锵有力的语句,凛然磅礴的气势,表现了文天祥身怀正气,大义凛然,忠贞守节,以及战胜邪恶的大无畏精神。文天祥的人格理想和纯洁心灵,全盘托给读者,教育激励着历代的志士仁人。

山重水复疑无路,柳暗花明又一村

【名句】

shān chóng shuǐ fù yí wú lù　liǔ àn huā míng yòu yì cūn
山　重　水　复疑无路①,柳暗花　明　又一村②。

【出典】

南宋陆游《游山西村》。

【注释】

①山重:重重叠叠的山。水复:溪流弯弯曲曲重复出现。
②柳暗:柳树浓密成荫,光线暗淡。花明:阳光明媚,百花吐艳。

【译文】

重重山挡、条条溪阻,怀疑前面已经没有了出路。一转弯却是绿树成荫、阳光明媚、百花盛开,简朴的村舍又是一座。

【原作】

莫笑农家腊酒浑,丰年留客足鸡豚。山重水复疑无路,柳暗花明又一村。箫鼓追随春社近,衣冠简朴古风存。从今若许闲乘月,拄杖无时夜叩门。

【作者小传】(见第22页)

陆游是南宋最著名的爱国诗人。当时,金兵屡屡发兵侵犯,弄得百姓家破人亡。陆游是坚持抗金的主战派,却受到朝廷上那些主张妥协求和派的打击和挤兑。不久,陆游被罢了官,离开隆兴,回到家乡山阴(今浙江绍兴)。陆游住在家里,时时为国家的兴衰和百姓的疾苦而忧虑不安,以致白天吃不下,晚上睡

不着,人也消瘦了。为了摆脱这种困境,陆游把自己埋在书堆里,边看书边创作。在这段日子里,他写了许多爱国名诗。

一天,陆游坐在窗前,举目远望。窗外是镜湖三山,那儿山清水秀,松竹成荫。屋前栽满了海棠、杜若这些奇花异草,花团锦簇一片清香。陆游越看越高兴。他寻思,家乡的景色如此令人赏心悦目,干吗不出去走走呢?

陆游的心情顿时开朗了许多。他走出家门,遇到了许多儿时的伙伴,现在成了种庄稼的壮汉了。他们见了陆游,纷纷邀请他到家里去做客叙旧。陆游说:"谢谢你们还记得我。我改天一定登门拜访。"他顺着野外的小路,一边观赏田野景色,一边作诗吟唱。忽见前面走来一队吹鼓手,吹吹打打地十分热闹。陆游上前问道:"今天是什么喜庆日子,大家有这样的兴致?"一位乐手告诉他:"今天是迎接春社,怎么不该喜庆一番?"陆游这才明白,今天是祭土地神的日子,一派节日的气氛。他沿着镜湖信步前往,不知不觉地走进西山的山林。愈往深处穿行,树林愈显阴森寂静,这是个人迹罕至的地方。

陆游依旧前往,来到了山顶,忽见眼前山重水复,路断人绝。可是陆游的游兴正浓,不想返回,便沿着一条陡直的山径往下走。不料,拐过山角,忽见山回路转,一条幽径弯弯曲曲就在他的脚下,直通山间的一个小村庄。陆游便顺着山路走到山腰一块空旷地,这儿柳林成荫,鲜花似锦,十几间草屋在绿柳红花之间,好像人间仙境一般。陆游的心情更加豁达开朗。他进村拜访了村民,主人捧出自己酿造的陈酒,热情款待这位来自山外的稀客。事后,陆游有感而发,挥笔写了《游山西村》诗,"山重水复疑无路,柳暗花明又一村",便是这首诗中的名句。

赏 析

"山重水复疑无路,柳暗花明又一村。"这两句写山村景色。诗人在山村漫游,没有向导,就自己摸索着前行。重重叠叠的高山,弯弯曲曲的溪流,好像前面已经无路可走了。可是继续前行,拐个弯儿,眼前却豁然开朗,出现了另一番景象:绿树成荫,百花争艳,又一座村舍沐浴在明媚的阳光里。令人精神为之一振。现在,这两句名句,常常被用来比喻在克服了重重困难之后,进入了一个新的理想境界,给人以鼓舞和力量。

山外青山楼外楼,西湖歌舞几时休

【名句】

shān wài qīng shān lóu wài lóu　xī hú gē wǔ jǐ shí xiū
山 外 青 山 楼 外 楼①,西 湖 歌 舞 几 时 休②。

【出典】

南宋林升《题临安邸》。

【注释】

①山外青山:青山之外还有青山,形容山很多。楼外楼:楼阁之外还有楼阁,形容楼阁很多。

②西湖:在浙江省杭州市,我国著名的风景区。休:罢休,停止。

【译文】

繁华的临安四周,有重重叠叠的青山,还有那数不清的台阁高楼。在那美丽的西湖边上,日日夜夜歌舞声不绝于耳,不知什么时候才有个尽头?

【原作】

山外青山楼外楼,西湖歌舞几时休。暖风熏得游人醉,直把杭州作汴州。

【作者小传】

林升,字梦屏,平阳(今属浙江)人。约生活于孝宗淳熙时期。事见《东瓯诗存》卷四。

宋王朝自从开国起,一直用对辽、西夏、金的屈辱退让换取苟且偷安,以至于后来中原被占,两朝皇帝做了敌人的俘虏。然而,这一沉痛的历史教训并未

使南宋王朝略有清醒,他们仍不思恢复失地,在杭州大兴土木,兴建庙宇、宫殿;达官显宦、富商大贾也纷纷仿效,经营宅第,壮大"帝王之居"。几十年来,杭州终于可以和北宋的京都汴州媲美了,并且成了这些统治者的安乐窝。

有一年,诗人林升来到杭州游玩,看到了杭州城内外青山连着青山、楼台连着楼台,权贵们在这里歌舞无虚日,整天寻欢作乐,如痴如醉,他们早已忘记复国大业,忘记南逃的耻辱,甚至心安理得地把杭州当做当年的国都汴州了。

诗人面对杭州的现实情况,痛苦地回忆到当年在汴州,统治者由于贪图享乐,不修军备,致使京城被金兵攻陷,如今南宋小朝廷南逃杭州,仍不思进取,不吸取教训。这样下去,如今的杭州也会变成第二个汴州!

这时候,诗人林升从往事的回忆中清醒过来,情不自禁地提起笔,在杭州一家客店的墙上,题写了《题临安邸》诗,"山外青山楼外楼,西湖歌舞几时休",便是这首诗中的名句。

"山外青山楼外楼,西湖歌舞几时休。"这两句以西湖美景来衬托爱国者的满腔忧愤,显得深沉有力。"山外青山楼外楼",句中连用两个"外"字,突出了临安的风景秀丽和城市的繁华景象。而"西湖歌舞几时休",句中"几时休"三字,是诗人向统治集团的愤怒的责问,反映出诗人极度愤慨的感情。现在,人们常用"山外青山楼外楼"一句来说明:人不要骄傲自满,要谦虚,因为"强中更有强中手"。

生当作人杰,死亦为鬼雄

【名句】

shēng dāng zuò rén jié　sǐ yì wéi guǐ xióng
　生　当　作人杰①,死亦为鬼　雄②。

【出典】

南宋李清照《夏日绝句》。

【注释】
①人杰：英雄人物，人中豪杰。
②鬼雄：鬼中英雄。

【译文】
活着应当做人中的豪杰，死后要成为鬼中的英雄。

【原作】
生当作人杰，死亦为鬼雄。至今思项羽，不肯过江东。

【作者小传】
李清照(1084~约1151)，南宋女词人。自号易安居士，婉约词派代表。齐州章丘(今属山东)人。生于历城西南柳絮泉。父亲是文学家李格非，母亲是状元王拱辰之女，也工文章。李清照早年生活在文化空气浓厚的家庭里。18岁时，与太学生赵明诚结婚。赵明诚著有《金石录》，李清照写了《金石录序》，详细记载了夫妻的共同生活和对书画金石的爱好。北宋灭亡后，李清照夫妇仓皇南渡。公元1129年，赵明诚在建康(今南京市)病故。李清照诗、文、书、画皆能，尤擅长词。其创作在北宋和南宋呈现不同的特点。她前期的词章，多数是描写闺中的生活情趣及大自然的绮丽风光，风格清新明丽，如《如梦令》二首、《凤凰台上忆吹箫》、《一剪梅》、《醉花阴》等，活泼清新、宛转曲折。进入南宋，其词则主要抒发伤时念旧和怀乡悼亡的情感，变早年的清丽、明快为晚年的凄凉、深婉。代表作有《永遇乐》、《声声慢》等。其填词，注重协律，崇尚典雅有情致。善用白描手法，通过写具体的行动或事物，将抽象的内心活动形象化。语言优美、精巧，却不雕琢求工。其诗所存无多，然题材较词宽广，且见解独特，如《咏史》、《夏日绝句》等。文有《金石录后序》等，该篇以金石聚散寓身世之感，质朴沉痛。另有《词论》一篇，见《苕溪渔隐丛话》，提出"词别是一家"之观点，并全面评论了北宋词人。原有集，已佚，后人辑有《李清照集》、《漱玉词》。

靖康元年(1126)，金兵渡过黄河，围攻北宋的都城开封。赵宋王朝向金兵送了大量的金银财宝，才解开封之围。可是不到半年，金兵又再度进攻开封，在

靖康二年把宋徽宗赵佶父子掠走,北宋灭亡。赵佶的另一个儿子称帝于河南商丘,这就是南宋的第一个皇帝宋高宗。宋高宗向金国称臣,把淮河以北的广大国土和人民出卖给金国,每年都从老百姓那儿搜刮大量财物,向金国进贡。宋高宗是历史上最无耻的皇帝之一。国破家亡,李清照尝尽了亡国奴的苦头,她自然想到了历史上的项羽……

秦朝末年,楚汉相争,项羽和刘邦在九里山下作最后决战。结果,项羽因兵少粮尽,被困在垓下,刘邦、韩信、彭越的大队人马把楚军包围了好几重。

项羽只剩下不到两千人马,无法与汉军抗衡,决定在第二天清晨率队突围。他身边已没有什么大将,只有爱妃虞姬依然随侍在侧。

次日,天刚蒙蒙亮,项羽正要起兵,发现虞姬因为怕成为项羽突围的累赘,在后帐自杀了。项羽悲切地跨上仰头哀鸣的乌骓马,带领人马突出重围,反复厮杀后只有800多人逃了出来。

刘邦派骁将灌婴以五千精兵尾随猛追。项羽边战边走,渡淮河时,看看身后,只留下100多人了。过了淮河,又在沼泽地迷了路,汉兵几千人眼看已经追到。

项羽并不气馁、害怕,敌人正蜂拥赶来,他站在马镫上点点自己的人数,只有二十八骑。项羽大声说:

"诸君,你们是我楚军中最忠诚、最勇敢的人。项羽身经七十余战,所向无敌。今日被困,是天亡我也。我将要在汉军中斩将夺旗,让诸君突围。"

说完,追兵已到,项羽持矛执剑,大喝而上,果然在数千汉兵中杀掉两个将官,冲开一条血路,使那二十八骑突出重围。

项羽在后押阵,回头见一名汉将带着数百人正追上来,项羽蓦然拨转马头,圆睁豹眼,一声猛喝,那汉将吓得连人带马倒退了几十丈,不敢上前。

项羽单枪匹马来到乌江。乌江边上只有一条小船。乌江的亭长正在船上等他。亭长说:"大王不必惊慌,这里再无第二条船,大王过乌江回到江东,一定可以重振旗鼓,再和刘邦争雄。"

项羽遥望江东,云雾迷茫,他长叹一声说:"我带领江东八千子弟转战南北,如今只有我一个人回去,有何面目见江东父老?"

说完,他就在乌江边拔出宝剑自刎身亡了。

李清照根据项羽的事迹,认为他生得英勇,死得壮烈,虽然失败,仍不失为英雄。于是,她写了《夏日绝句》诗,"生当作人杰,死亦为鬼雄"便是这首诗中的名句。

赏析

"生当作人杰,死亦为鬼雄。"这两句是对项羽一生事迹和襟抱的高度概括。项羽在垓下一战,为刘邦所败,逃至乌江,乌江亭长劝他暂避江东,重振旗鼓,但他以"无颜见江东父老"而自刎。作者举出项羽不肯南渡,旨在讽刺南宋朝廷在金人侵略面前,怯懦畏缩,逃过长江,苟且屈辱地偏安一隅,不愿北上抗敌的妥协投降政策。诗在字面上,虽然只是赞颂项羽的生作人杰、死为鬼雄的豪壮气概,但作者对时事的沉痛悲愤的谴责之意却溢于言表。这两句诗,后人引用它说明一个人在斗争中要具有高尚的情操和英雄的抱负。

天地合,乃敢与君绝

【名句】

tiān dì hé　nǎi gǎn yǔ jūn jué
天　地合①,乃　敢 与 君 绝②。

【出典】

乐府古辞《上邪》。

【注释】

①天地合:天地合二为一。
②乃敢:才敢。"敢"字是委婉的用语。

【译文】

天地合并在一起,我才会和你断绝。

【原作】

上邪,我欲与君相知,长命无绝衰。山无陵,江水为竭,冬雷震震,夏雨雪,天地合,乃敢与君绝。

【作者小传】(见第129页)

读故事·学古诗名句

古代有一位女子,她的婚姻受到了某种社会势力的阻遏;也可能是她对爱情的前景感到了不祥的预兆。在她无力冲破那种阻力、无力挽回那种已感到不幸的结局时,她就对天发誓,说她愿意与所爱的人相知相爱,而且永远使自己的爱情不衰减。为了表白她自己的心迹,姑娘一连串用了五个不可能的事实假想:只有当高山被夷为平地,江水干涸失流,冬天雷声隆隆,夏日大雪飘飘,天地合一,宇宙不存在,到了这步绝境,才有可能最后与情人决裂。然而事实上,山不能无陵,江水永不会干涸,冬天不会雷声隆隆,夏日难以大雪飘飘,天地不可能合一,假想是不可能实现的。

为此,古代诗人根据女主人公的山盟海誓,对爱情大胆泼辣的表白,写了一首著名的情歌《上邪》诗,"天地合,乃敢与君绝"便是这首诗中的名句。

"天地合,乃敢与君绝。"这是一位女子对所爱的男子表示坚贞不渝的爱情誓言。她发誓愿爱情永不衰绝。这种表示和决心,似乎还嫌抽象和不够,于是精诚出于假想,用了"天地合"不可能出现的事为誓,表示对爱情的专一不渝。想象奇特,感情激荡,极富于浪漫主义色彩。现在,这两句成为青年男女表示对爱情坚贞不渝的誓言。

天苍苍,野茫茫,风吹草低见牛羊

【名句】

tiān cāng cāng　yě máng máng　fēng chuī cǎo dī xiàn niú yáng
天 苍 苍①,野 茫 茫②,风 吹 草 低 见 牛 羊③。

【出典】

北朝民歌《敕勒歌》。

· 140 ·

【注释】
①苍苍:青蓝色。
②茫茫:十分辽阔深远的样子。
③见:同"现"。呈现、显露的意思。

【译文】
天是那样的青,那样的蓝,原野又是那样的辽阔无边,一望无际,风儿吹来,青草低伏下去,便显露出一群群活泼的牛羊。

【原作】
敕勒川,阴山下,天似穹庐,笼盖四野。天苍苍,野茫茫,风吹草低见牛羊。

南北朝的时候,东魏丞相高欢带领主要由鲜卑人组成的军队攻打西魏的要塞玉壁。当时,要塞玉壁的西魏守将是韦孝宽,他能攻善守,十分富于谋略。

高欢带领剽悍的鲜卑骑兵连续苦攻了五十余天,但由于要塞险固,始终未能攻下,就在这关键时刻,高欢突然病倒了,东魏军只好撤退。西魏军队得到消息,高兴万分,乘机造谣,说高欢已被西魏军队乱箭射死了,还编了首歌谣,让士兵到处传唱:

"大老鼠高欢,无故犯玉壁,弦响箭齐发,呜呼归黄泉。"

高欢听到这首歌谣后,又气又恼,但他冷静地想到,大敌当前,如果让谣言四处扩散,必定会动摇军心,后果不堪设想。于是,他不顾自己有病在身,亲自去各营安抚将士。

虽然几十天来战局没有什么突破,但将士们的斗志还是十分旺盛,高欢见到部下有这样良好的精神状态,不觉十分高兴,他回头对大将斛律金说:

"听说将军歌唱得十分动听,今天为大家唱一曲,怎么样?"

斛律金明白高欢是要他用歌声进一步振奋大家的精神,就毫不推辞地用鲜卑语唱了这首《敕勒歌》。

敕勒川是河流的名字。阴山在如今的内蒙古自治区中部,穹庐是指我国少数民族之一——蒙古族的特色蒙古包。这首歌出色地表现了北方少数民族热爱生活的思想感情:在蔚蓝的天空下,一望无际的大草原上到处是牛羊,这是

一幅多么美丽的图画啊!

高欢听着这熟悉的旋律,情不自禁地跟着唱了起来,不一会儿,全体将领都加入了合唱的行列。粗犷而悠扬的歌声传出营帐,顿时,全军士兵都跟着唱了起来,歌声传得很远很远。

由于高欢抓住时机,稳定并振奋了军心。东魏军才得以安全撤回,保全了军队主力。后来,这首歌被译成汉语,题目就叫《敕勒歌》,"天苍苍,野茫茫,风吹草低见牛羊"便是这首诗中的名句。

赏 析

"天苍苍,野茫茫,风吹草低见牛羊。"这几句是敕勒人以极其豪放的口气赞美他们生活着的北方大草原的辽阔壮美。其中,"天苍苍,野茫茫",站在草原仰望天空,天空是那样的青蓝,几乎同草原的翠色融为一体;而眺望前方,草原又是那样的"茫茫",无边无际。放眼望去,不见尽头,草原的美再一次突现在我们面前。我们仿佛到了敕勒川下,如果说前面的描写还停留在静态事物上,那么"风吹草低见牛羊"这一动态事物的描写句则把我们带到了一个更为美妙的境界。想想吧,随着风儿的吹动,那长长的茂盛的牧草随着风的吹动纷纷倒伏下去;而那一群群膘肥体壮的牛羊随着牧草的倒伏又不断地跃入人们的眼帘。草原的丰饶,生活的充实,全在这一诗句中充分地反映出来。现在,这一名句常被那些歌颂西北草原无比美好的作者所引用。

问渠那得清如许,为有源头活水来

【名句】

wèn qú nǎ dé qīng rú xǔ　wèi yǒu yuán tóu huó shuǐ lái
问 渠 那 得 清 如 许①,为 有 源 头 活 水 来②。

【出典】

南宋朱熹《观书有感》。

【注释】

①渠:它,指方塘。那得:哪得,怎么会得到。清如许:像这样清澈。
②为:因为。源头:塘水发源的地方。活水:长流不停的水。

【译文】

我要向人请问一个问题:为什么塘水会这么清澈湛蓝?有人微笑着作了回答:因为它有活水从源头不断地流来。

【原作】

半亩方塘一鉴开,天光云影共徘徊。问渠那得清如许,为有源头活水来。

【作者小传】(见第42页)

143

朱熹是南宋著名的哲学家、教育家,一生努力研究学问,广泛注解了我国的古典文献,对于经学、史学、乐律以及自然科学,都有不同程度的贡献。他博览群书,分析精密,许多见解符合实际事理。同时,他钻研学问孜孜不倦,寒来暑往从不中止。这种良好的学风,对于他的弟子和后人都有很大的影响。

朱熹家附近有一块半亩大小的方形池塘,像镜子一样向天空打开。因为水塘明净如镜,阳光、天色和天空飘浮的云朵,都倒映在水底,在方塘里晃动徘徊。这时候,朱熹在方塘边看到这奇妙的景色,不禁明知故问,自问自答:方塘里的水为什么总是那么清澈见底呢?他想了一想,看到有活水从源头不断地流来。朱熹从塘水的不断吐故纳新,想到我们学习、做学问也是如此,只有不断地学习新知识,汲取新营养,不断地去探索、研究、解决新问题,才能不断前进,才能心明如镜,使自己保持清醒的头脑。

就这样,朱熹从方塘的源头活水得到启发,为了说明读书的感受,于是挥笔写了首《观书有感》诗,"问渠那得清如许,为有源头活水来"便是这首诗中的名句。

"问渠那得清如许,为有源头活水来。"这两句是写作者读书时的一种感受。作者在读书时,可能忽然把某些难懂的地方读通了,顿有所感,想到这正像一方清澈如镜的池塘,它之所以像明镜一样,清澈见底,映照着天光云影,正是因为源头常有活水流来之故。这个道理,作者不是靠抽象的说教表达的,而是从自然界中捕捉了形象,让形象本身来说话。"问渠那得清如许,为有源头活水来"这两句是议论,借助"清如许"和"源头活水来"的具体形象来展开。故而这两句诗虽在说理,却不堕理障,至今为人们所传诵、引用。

· 144 ·

我自横刀向天笑，去留肝胆两昆仑

【名句】

wǒ zì héng dāo xiàng tiān xiào　qù liú gān dǎn liǎng kūn lún
我 自 横 刀 向 天 笑①，去 留 肝 胆 两 昆 仑②！

【出典】

清谭嗣同《狱中题壁》。

【注释】

①横刀：《三国志·魏志·袁绍传》载：东汉末，董卓专权，议欲废帝，立陈留王，袁绍表示反对。他同董卓顶撞之后，长揖横刀，退了出去，以此表示愤恨和轻蔑。这里借此表示坚决反对废光绪和坚持维新变法的态度，并含有藐视顽固派之意。向天笑：表示就义前的英勇气概和视死如归的精神。

②去：出奔，指出亡的康有为、梁启超等。留：指作者自己。变法失败，作者拒绝奔逃，并作了牺牲准备。肝胆两昆仑：比喻去留者都是光明磊落，肝胆相照，像昆仑山一样巍峨高大。

【译文】

我毫不畏惧地面对屠刀，就义前视死如归，去留者都是光明磊落，肝胆相照，像昆仑山一样高大。

【原作】

望门投止思张俭，忍死须臾待杜根。我自横刀向天笑，去留肝胆两昆仑！

【作者小传】

谭嗣同(1865~1898)，近代文学家、思想家、维新派政治家。字复生，号壮飞。湖南浏阳人。父继洵，官湖北巡抚。嗣同早岁，从军新疆，游刘锦棠幕府。后踪迹遍海内。甲午战争后，提倡新学。光绪二十二年(1896)入赀为候补知府，次江宁候缺；次年，应湖南巡抚陈宝箴召，回长沙助其行新政；二十四年七月被征

入京,授四品卿衔军机章京,参与变法。政变起,被害,为"戊戌六君子"之一。与陈三立、吴保初、丁惠康并称晚清"四公子"。31岁著《仁学》,以此号召破除不仁不通之黑暗局面,以此为变法哲学思想基础。古文雅健。其于诗,自谓初从李贺、温庭筠入手,转而为韩愈,为六朝。后从事诗界革命,尝试采西事、西语入诗。著有《寥天一阁文》、《莽苍苍斋诗》,今人辑有《谭嗣同集》。

1898年(旧历戊戌年),中国历史上有名的"戊戌变法"发生了。这是一次要求改革封建制度的爱国运动。

这年九月,变法的代表人物谭嗣同请袁世凯率军支持变法,保护光绪皇帝。袁世凯表面答应,暗中却向慈禧太后的亲信荣禄告密,出卖变法运动。荣禄告诉了慈禧太后,慈禧下令逮捕变法的领袖康有为、梁启超、谭嗣同等人。

有人紧急向康有为等报告了危险消息,叫他们赶快离开北京。为了保存力量,康有为逃到了香港;梁启超由日本人保护,到了东京;而谭嗣同明知危险就要降临,他对劝他逃走的人说:"各国变法都经过流血斗争才成功,中国还没有人为变法流过血,现在就让我带个头,为变法而牺牲吧!"他哪里也没有逃避,不多久就被逮捕了。

谭嗣同在狱中一直惦记着其他变法志士,他希望战友们像东汉时候的忠臣张俭、杜根那样,忍受痛苦,积蓄力量,等待机会,而自己将毫不畏惧地面对屠刀,无论是死亡还是活命,我们都是顶天立地的爱国者,就像巍巍的昆仑山,万古长青!谭嗣同临刑前,把自己的心愿写在监狱的墙上,这就是他的绝命诗《狱中题壁》,"我自横刀向天笑,去留肝胆两昆仑"便是这首诗中的名句。

"我自横刀向天笑,去留肝胆两昆仑!"这两句是光彩照人、慷慨悲壮的绝笔诗。它以乐观的精神,凛然的正气,千钧的笔力,表达了作者以身殉国、慷慨赴难的崇高的英雄主义精神和光明磊落的博大胸怀。据载,变法失败,有人劝他逃遁,他断然拒绝说:"各国变法无不从流血而成,今日中国未闻有因变法而流血者,此国之所以不昌也。有之,请自嗣同始。"这英雄的语言,正与诗句相辉映

我劝天公重抖擞,不拘一格降人才

【名句】

wǒ quàn tiān gōng chóng dǒu sǒu　bù jū yì gé jiàng rén cái
我 劝 天 公　重 抖 擞①,不 拘 一 格 降 人 才②。

【出典】

清龚自珍《己亥杂诗》。

【注释】

①天公:老天爷。因为这是首祭神诗,所以这样说。这里暗喻当时的君王。重抖擞:重新振作起来。

②不拘一格:不要局限在一定的旧框格里。就是说要打破限制人才发展的各种老的框框。拘:局限。降:降生、产生、涌现。

【译文】

我今规劝老天爷,快快重振精神求革新,改革一切过时的老框框,选拔人才重振河山向前进!

【原作】

九州生气恃风雷,万马齐喑究可哀。我劝天公重抖擞,不拘一格降人才。

【作者小传】(见第 83 页)

龚自珍 6 岁跟母亲学诗,11 岁跟外祖父学古文字学,14 岁开始研究古今官制,16 岁研究目录学,17 岁又研究金石学,兴趣广泛得让人吃惊。由于他对各门知识都能刻苦钻研,20 多岁已成了一个学识渊博的学者和才华出众

的诗人。

龚自珍生活的年代,正是鸦片战争前夕。当时,清政府已非常腐败,西方侵略者正在大量输入鸦片,我国白银外流,农村破产,农民起义此起彼伏,外国军舰环伺海外,一场惊人的暴风雨眼看就要来临。龚自珍看到这些情况,心里十分着急。

后来,龚自珍到北京做了官。因为他经常发表一些变革现实的言论,因此不断遭到清政府中顽固大官僚的排挤。他见变法更新、振兴国家的理想无法实现,就气愤地辞去了官职。

道光十九年(1839)的夏天,龚自珍雇了两辆大车,载了自己的书籍,离开北京,动身回老家仁和。一路上晓行夜宿,大车很快到了江苏镇江。

这时正是炎夏季节,烈日高照,天老是不下雨,田里的禾苗都快枯死了。镇江百姓为了求雨,就请一些道士,在南郊设坛求雨。参加祭神的百姓很多,人山人海,非常拥挤,把道路都堵塞了。

龚自珍的大车到了那里,无法通行。他只能跳下大车,请求他们让出一条路来。祭神的道长跟他一交谈,得知他就是著名诗人龚自珍,高兴极了。道长不肯放他走,要他帮忙写一篇祭神的祝文。龚自珍为人豪爽,马上满口答应了。

一会儿,人们在路旁摆好桌子,拿来了纸笔。龚自珍正想抒发对当时现实的愤懑之情,就接过笔来,在写祭神祝文用的青藤纸上,写了《己亥杂诗》,"我劝天公重抖擞,不拘一格降人才",便是这首诗中的名句。

"我劝天公重抖擞,不拘一格降人才。"这两句诗是作者对当时沉闷的政治局面的强烈不满,热切地希望能有更多的人才出来改变现状,振兴中国。在"我劝天公重抖擞"句中的"天公",表面上是对天神的称呼,实际上是针对当时最高封建统治者君王说的。"重抖擞",是指当时的政治局面而说的。那样死气沉沉的政治局面不该再继续下去了,应该重新振作,再展宏图,才有希望。诗人的忧国忧民的思想感情充分地流露出来了。而"不拘一格降人才",就是说,不要再死守那些陈规旧习不放,只有冲破那些旧框框的束缚,才能有大批有才能有作为的人才涌现出来。现在有人引用这句名言,说明要不拘一格让各种各样的优秀人物成长起来。

小丑跳梁谁殄灭？中原揽辔望澄清

【名句】

xiǎo chǒu tiào liáng shuí tiǎn miè zhōng yuán lǎn pèi wàng chéng qīng
小 丑 跳 梁 谁 殄 灭①？中 原 揽 辔 望 澄 清②。

【出典】

清林则徐《次韵答陈子茂德培》。

【注释】

①小丑：指英国侵略者。跳梁：亦作"跳踉"，腾跃跳动，后用来比喻飞扬跋扈的情状。殄灭：消灭。
②揽辔：拿着马缰绳。

【译文】

现在已大敌当前，无人去歼灭，希望有志之士去澄清中原的战乱。

【原作】

送我凉州浃日程，自驱薄笨短辕轻。高谈痛饮同西笑，切愤沉吟似《北征》。小丑跳梁谁殄灭？中原揽辔望澄清。关山万里残宵梦，犹听江东战鼓声。

【作者小传】(见第53页)

林则徐原是清王朝的封疆大吏,又是当时举世瞩目的人物。他被后人誉为民族英雄,是因为他在民族危亡之时高举反帝旗帜,义无反顾地领导了震惊中外、名垂青史的禁烟运动,并与邓廷桢、关天培等爱国将领,坚决抵抗鸦片贩子英国殖民者的武装入侵,从而揭开了我国民族民主革命的序幕。

然而,就在前方将士流血牺牲、英勇战斗的时候,昏聩的道光皇帝却革去林则徐的官职,将他发配到新疆伊犁。道光二十二年(1842)九月,林则徐的好友陈子茂闻听此讯,一直陪他从兰州走到凉州;十几天的行程,每天设酒相待,临别时赠诗以志。

林则徐眼见祖国山河破碎,报国无门,心情十分沉重而复杂。为此,他写了一首答陈子茂的友人诗——《次韵答陈子茂德培》诗,"小丑跳梁谁殄灭?中原揽辔望澄清"便是这首诗中的名句。

"小丑跳梁谁殄灭?中原揽辔望澄清。"这两句中用了一个典故。"揽辔",出自《后汉书·范滂传》:范滂"登车揽辔,慨然有澄清天下之志"。这句意思说:我要像范滂一样胸怀澄清天下的大志。林则徐忠贞爱国,坚决抗敌,因此遭到革职并充军伊犁的结局,当然是令人义愤填膺的。但作者却不因个人得失而消沉颓唐,仍以国家命运为怀。他希望消灭外国侵略者,澄清天下的雄心壮志始终不衰,表现了他对投降派的愤激感情以及强烈的爱国主义精神。

小楼一夜听春雨,深巷明朝卖杏花

【名句】

xiǎo lóu yí yè tīng chūn yǔ　shēn xiàng míng zhāo mài xìng huā
小　楼　一　夜　听　春　雨,深　巷　明　朝　卖　杏　花①。

【出典】
南宋陆游《临安春雨初霁》。

【注释】
①明朝：第二天早上。

【译文】
睡在小楼上一整夜听着春雨淅淅沥沥下个不停，第二天早上屋外深巷里又传来了叫卖杏花的声音。

【原作】
世味年来薄似纱，谁令骑马客京华。小楼一夜听春雨，深巷明朝卖杏花。矮纸斜行闲作草，晴窗细乳戏分茶。素衣莫起风尘叹，犹及清明可到家。

【作者小传】(见第 22 页)

南宋爱国诗人陆游被免官在家闲居，忽然有一天，来了两个官差，传达宋孝宗皇帝的命令，要他立刻动身上京。陆游原以为是要派他到抗金前线去，等见了皇帝，才知是让他担任严州(今浙江建德)知府，心里顿时凉了半截。

辞别皇帝出宫，当夜，陆游寄宿在好友家的小楼上，耳听窗外淅淅沥沥的春雨时紧时稀，下个不停，一夜没有睡着。东方发白，将要天亮时，他刚刚矇眬入睡，忽听屋外深巷里传来一声声清脆的叫声："杏花要哦！杏花要哦！刚刚上市的杏花！"

起床漱洗后，陆游大有感触，于是挥笔写了《临安春雨初霁》诗，"小楼一夜听春雨，深巷明朝卖杏花"便是这首诗中的名句。

"小楼一夜听春雨，深巷明朝卖杏花。"这是陆游着意描写临安春雨初霁的

明艳景色,一则表现对大自然的喜爱,一则反衬自己的落寞情怀。句中的"一夜"、"明朝"两个时间词语,说明他在百无聊赖中消磨时光。这两句是陆游的写景名句,历来受到人们的好评。

小荷才露尖尖角,早有蜻蜓立上头

【名句】

xiǎo hé cái lù jiān jiān jiǎo zǎo yǒu qīng tíng lì shàng tóu
小荷才露尖尖角①,早有蜻蜓立上头②。

【出典】

南宋杨万里《小池》。

【注释】

①小荷:刚开始生长的荷花。尖尖角:还没有完全张开的嫩荷叶的尖端。
②蜻蜓:一种身体细长,能飞高,生活在水边的昆虫,以蚊子等小飞虫为食,是益虫。

【译文】

新荷叶在水底慢慢地成长,水面上探出了它那娇嫩的小手。机灵的蜻蜓喜出望外,赶紧地飞过来站在了它上头。

【原作】

泉眼无声惜细流,树阴照水爱晴柔。小荷才露尖尖角,早有蜻蜓立上头。

【作者小传】(见第76页)

有一年初夏的一天,天气十分闷热,树上的蝉儿一个劲地叫着,蝉声此起

彼伏。这时候,诗人杨万里来到荷塘边,看到那细细的泉水在无声息地流淌着,他就联想到要爱惜这涓涓细流,不忍独自离去;他又看到那茂盛的树枝倒映在池塘的水中,更联想到它们在爱惜这晴天柔和的风光。在小池的中央,新荷刚露出水面,可是那小蜻蜓已悄然自立于小荷叶的尖角上了。杨万里在池边缓步徐行时,看到池塘中的流水、树影、荷尖和蜻蜓,心中感到很舒畅,真叫人心旷神怡。

这时候,朝阳出来了。阳光映照着池面上那碧绿的莲叶,娇嫩的荷苞更显得艳丽动人。忽然,诗人杨万里涌起诗情,想表达自己对初夏荷塘风光的热爱之情,于是立刻转身回屋,拿出纸笔,高兴地挥写了《小池》诗,"小荷才露尖尖角,早有蜻蜓立上头",便是这首诗中的名句。

"小荷才露尖尖角,早有蜻蜓立上头。"这两句写池塘里的荷叶荷花刚刚开始生长,聪明的蜻蜓就发现了,立即飞到嫩荷叶的尖角上。从这两句中可以看出,诗人对事物的观察是多么的细致啊!句中的"早"与上句中的"才"字是紧密照应的,使二句意思紧紧相连。这"早"字也是使蜻蜓人格化了,仿佛蜻蜓也是有思想感情的。它在池面上盘旋飞翔,早已在寻找荷叶了。因此"小荷才露尖尖角",它就"早"立上去了。双方配合得多密切啊!这里可见,杨万里笔下的自然景物,充满着丰富的感情。

兴,百姓苦;亡,百姓苦

【名句】

xīng bǎi xìng kǔ wáng bǎi xìng kǔ
兴①,百 姓 苦;亡②,百 姓 苦。

【出典】

元张养浩《山坡羊·潼关怀古》。

【注释】
①兴：指王朝建立。
②亡：指王朝灭亡。

【译文】
历史上无论哪个朝代，它们兴盛也罢，败亡也罢，老百姓总是遭殃受苦。

【原作】
峰峦如聚，波涛如怒，山河表里潼关路。望西都，意踌躇。伤心秦汉径行处，宫阙万间都做了土。兴，百姓苦；亡，百姓苦。

【作者小传】
张养浩(1270~1329)，元文学家。字希孟，号云庄。济南历城(今山东济南)人。自幼好学有行义。至大元年(1308)召为太子文学，寻拜监察御史；三年，上《时事书》万余言陈十大弊端，为当国者不容，除翰林待制，复构以罪罢之。仁宗立，召为右司都事，迁翰林直学士，改秘书少监。延祐五年，迁礼部尚书，复知贡举。英宗即位，拜中书参议。以元夕上《谏灯山疏》触怒英宗，又洞察皇族矛盾，遂于六月以父老辞官归养。天历二年(1329)关中大旱人相食，召拜陕西行台中丞救灾，即毅然散家财登车就道，赈生葬死，为民祈雨，出币发粟，救活生灵无数。到官四月未尝家居，鞠躬尽瘁，病死任上。关中人哀之如丧父母。平生与姚燧、陈英、刘敏中、元明善、贡奎、袁桷、虞集、范梈等诗文家交厚。今存政论集《三事忠告》(《牧民忠告》、《风宪忠告》、《庙堂忠告》)；诗文集《归田类稿》二十二卷；散曲集《云庄乐府》。《全元散曲》存其小令161首，套数二套。

元朝天历二年(1329)，关中地区发生大旱灾，饥民相食，散曲家张养浩被召为陕西行台中丞；到任后，竭力治旱救灾，甚至不惜把自己的资财分散给灾民。在任职期间，他来到潼关视察，看到了这里的险要形势；华山众峰仿佛像千军万马，正奔涌而来捍卫着它；黄河的波涛愤怒地汹涌着，咆哮着，为它扬威。散曲家张养浩站在潼关，西望长安，不禁犹豫起来。因为自从他辞官以后，朝廷屡次召他，他都没有应召；但这次召他为陕西行台中丞赈济灾民，他却慨然奉

召。在赴任途中,他想到从潼关到长安,原是秦汉旧地;当年统治者滥用民力,曾经修造了"宫阙万间",又在互相争伐之中,使那些宫阙都化成了土,这种情形实在令人伤心。他想着想着,在离开潼关时,怀古伤今,止不住热泪盈眶,情不自禁地挥笔写下了雄视千古的《山坡羊·潼关怀古》散曲,"兴,百姓苦;亡,百姓苦",便是这首散曲中的名句。

"兴,百姓苦;亡,百姓苦。"这是历史真理。作者以他的历史观,带着深沉的感情得出了结论。也就是说,历史上的改朝换代,治乱兴亡,对老百姓来说,只能意味着痛苦和灾难。这个看法虽然未必完全正确,但它却一语道破了封建制度的阶级本质,表达了对广大劳动人民的无限同情,揭示了统治者剥削人民、压迫人民的罪恶本质。

相见无杂言,但道桑麻长

【名句】

xiāng jiàn wú zá yán dàn dào sāng má zhǎng
相　见　无　杂　言①,但　道　桑　麻　长②。

【出典】

东晋陶渊明《归田园居(其三)》。

【注释】

①杂言:指世俗尘杂之话。
②但道:只谈论。桑麻长:桑麻生长的情况,指农事。

【译文】

相见时不说世上闲俗杂事,只谈田野里桑麻的长势。

【原作】

时复墟曲中,披草共来往。相见无杂言,但道桑麻长。桑麻日已长,我土日已广。常恐霜霰至,零落同草莽。

【作者小传】(见第16页)

陶渊明41岁那年,从彭泽县辞官回乡后,一直到去世,二十多年中过着隐居和劳作的清贫生活。新春时节,他便不失时令地起早摸黑,带着妻儿童仆到南山去开荒、耕种。他在前面耕田,妻子翟氏在后面锄地。农活很累,他的心情却很愉快;妻子也跟他志同道合,没有一句埋怨的话。

经过全家的辛勤劳动,原先荆棘丛生的荒野上,出现了崭新的面貌。由于劳动,陶渊明跟乡邻的关系也密切了。为了表达这时的心情,他情不自禁地挥笔写了《归田园居(其三)》这首诗,"相见无杂言,但道桑麻长",便是这首诗中的名句。

"相见无杂言,但道桑麻长。"这两句写陶渊明辞官回乡后与乡邻不时来往,共谈农事,说明诗人并非不交往,只是不交世俗之人罢了。而披草来往,但道桑麻,更说明同农民已有了一定的共同语言。此外,这两句名句,不仅表现了陶渊明与田夫野老的淳朴感情,而且表达了对田园生活的热爱,从侧面反映出他生活情趣和思想的变化,以及断绝利禄之想后的襟怀。

乡村四月闲人少,才了蚕桑又插田

【名句】

xiāng cūn sì yuè xián rén shǎo　cái liǎo cán sāng yòu chā tián
乡　村　四　月　闲　人　少①,才　了　蚕　桑　又　插　田②。

· 156 ·

【出典】
南宋翁卷《乡村四月》。

【注释】
①闲人：空闲的人。
②才了：刚刚结束。了：做完、结束。蚕桑：采桑养蚕的劳动。插田：插秧。

【译文】
四月的乡村正是农忙季节，村庄里男女老少谁都不会空闲。采桑养蚕的活儿刚刚干完，紧接着又要忙着插秧种田。

【原作】
绿遍山原白满川，子规声里雨如烟。乡村四月闲人少，才了蚕桑又插田。

【作者小传】
翁卷，南宋诗人。字续古，一字灵舒。乐清（今属浙江）人。生卒年不详，布衣终身。与徐照、徐玑、赵师秀并称"永嘉四灵"。今存诗100多首。以苦吟著称。其诗学贾岛、姚合，苦意淬炼，萧飒瘦寒。律诗中，尤重中间四句的雕琢。然集中亦不乏"自吐性情，靡所依傍"之作，如《乡村四月》、《野望》等。集中有些古体颇类《文选》中之汉魏五言诗。著有《西岩集》一卷。

宋朝诗人翁卷，从小生长在江南农村，对劳动人民有着很深厚的思想感情。

有一年春末夏初，他看到满山遍野的花草树木，都在蓬勃地生长，到处都是绿油油的一片。河水不断地上涨，江河湖泊都涨满了水，在天光的映照下，望上去只见一片白茫茫。这时候，他在田野上散步，听到杜鹃鸟日夜不停息地啼叫，它的叫声在如烟似雾的濛濛细雨中，传遍了山川田野的每一个角落，好似在催促人们抓紧耕作，千万不要误了农事。

在这农忙季节里，男女老少都没有空闲的时间。因为这时候，农民采桑养蚕的活儿刚刚结束，田里插秧播种的农活又紧接着来了。

诗人为了赞美劳动人民热爱生产劳动的美德,表达热爱乡村和热爱劳动人民的思想感情,于是满怀激情写了《乡村四月》诗,"乡村四月闲人少,才了蚕桑又插田"便是这首诗中的名句。

"乡村四月闲人少,才了蚕桑又插田。"这两句作者以清新的笔触,通俗质朴的叙述,写出了阴历四月农村繁忙景象和农民勤苦的状况。前句中"闲人少"三字,把夏季农忙的程度和紧张劳动的情况写尽。"才了蚕桑又插田"中的"才"、"又"递进词语,进一步交代农忙的原因。短短两句把男女之勤,风俗之美,写得淋漓尽致。

刑天舞干戚,猛志固常在

【名句】

xíng tiān wǔ gān qī　měng zhì gù cháng zài
刑　天　舞　干　戚①,猛　志　固　常　在②。

【出典】

东晋陶渊明《读〈山海经〉》。

【注释】

①刑天:兽名。据《山海经·海外西经》上说:有一种兽名叫刑天,与天帝争神,天帝砍断了它的头,它便以乳为目,以肚脐为口,拿着干戚挥舞。干:盾。戚:大斧。
②猛志:雄心壮志。固:本来。

【译文】

刑天被天帝砍下头后仍然舞着盾斧,它的壮志本是始终存在的。

【原作】

精卫衔微木,将以填沧海。刑天舞干戚,猛志固常在。同物既无虑,化去不复悔。徒设在昔心,良晨讵可待。

【作者小传】(见第16页)

陶渊明辞官归田几年后,社会的动乱越发剧烈,水灾、旱灾、虫灾不断发生。公元408年6月,一场大火把他的八九间草屋烧成灰烬。他的家庭负担也加重了,胞妹和堂弟死后,他们的子女都由他抚养。这样,生活更加困苦,夏天常常挨饿,寒冬时节没有被子来度过漫漫长夜。

另一方面,他的诗名越来越响亮。他55岁那年,新任江州刺史王弘仰慕他的大名,想来结交,他却说自己有病,不予理睬。王弘只好偷偷派人打听他的行踪。有一次,王弘知道他要上庐山,就派一个熟人先在半路上拉住他喝酒。喝了些时候,王弘来了,假说是偶然遇见,坐下一同喝酒,这时陶渊明倒难以拒绝,才算互相认识了。

尽管如此,他没有改变自己的志向。为了表明自己的心迹,他写了首《读〈山海经〉》诗,"刑天舞干戚,猛志固常在",便是这首诗中的名句。

"刑天舞干戚,猛志固常在。"这两句是歌颂刑天不屈服于命运而坚持斗争的顽强精神,寄托着诗人愤激不平的心情,鲁迅在《且介亭杂文二集·"题未定"草(六)》中写道:"就是诗,除论客所佩服的'悠然见南山'之外,也还有'刑天舞干戚,猛志固常在'之类的'金刚怒目'式,在证明着他并非整天整夜的飘飘然。这'猛志固常在'和'悠然见南山'的是一个人,倘有取舍,即非全人,再加抑扬,更离真实。""刑天"两句用来形容壮志未消、斗争不息的坚强品格,是很恰切的。

些小吾曹州县吏,一枝一叶总关情

【名句】

xiē xiǎo wú cáo zhōu xiàn lì　yì zhī yí yè zǒng guān qíng
些　小　吾　曹　州　县　吏①,一　枝　一　叶　总　关　情②。

【出典】

清郑燮《潍县署中画竹,呈年伯包大中丞括》。

【注释】

①些小:小,指官位低。吾曹:我们。
②一枝一叶:竹子的枝叶,这里比喻老百姓的一举一动。

【译文】

我们只是小小的县吏,但老百姓的一举一动、一点儿忧愁和痛苦都牵挂着我们的心。

【原作】

衙斋卧听萧萧竹,疑是民间疾苦声。些小吾曹州县吏,一枝一叶总关情。

【作者小传】(见第113页)

郑燮早年家贫,考中进士后,曾在山东范县(今属河南)、潍县当了十二年知县,为官清正廉明,关心下层人民疾苦。

据说,当他从范县调任潍县时,那里的地主、乡坤、富商以及许多老百姓,都聚集在县衙前,有的准备隆重迎接,有的是来看看热闹,因为听说这位老爷在范县官声很好,很得百姓爱戴。

可是,一直等到黄昏,依旧不见这位老爷的踪影。大家正在心焦,路上来了个50岁左右的老人,中等身材,面目清瘦端庄,穿着一件布长衫,背了个青布包袱。众人都没注意,这位老人却径直走到县衙大门前立定,从布包里拿出一副对联和浆糊,把对联往门上一贴。那上联是"黑漆衙门八字开",下联是"有钱无理莫进来"。

众人看了纷纷议论,觉得十分奇怪:他怎么这样大胆?此时,老人已从旁边店铺中借来一条长凳,站上去贴了一张横批在门楣上,众人仔细看时,上写"本官日夜收理状子"八个大字。

县衙前的人这才知道,来的就是新任知县郑燮,不禁全都肃然起敬。

郑燮向大家拱手,说道:"各位请回,明日一大早本官开始审堂理案。"

从第二天起,到县衙门口喊冤的、告状的早晚不断,郑燮一概秉公判案,特别对于土豪劣绅仗势欺压农民的案件,总要想方设法帮助农民打胜官司。

这样一来二去,自然得罪了不少豪绅。郑燮不管这些,依旧我行我素办事。

一直忙了一两个月,郑燮才空闲了些。这天,他在县衙的书斋里休息,斜躺在一张卧榻上。这时已是秋天,书斋外的院落里的丛竹,在阵阵秋风中发出萧萧飒飒的响声,郑燮触景生情,叹息一声说:"这声音多像民间疾苦之声啊!"

他就站起身来,提笔画了一幅竹子图,然后写了首《潍县署中画竹,呈年伯包大中丞括》诗,"些小吾曹州县吏,一枝一叶总关情",就是这首诗中的名句。

赏 析

"些小吾曹州县吏,一枝一叶总关情。"这两句是寓意深刻的题画诗句。作者由秋风中萧萧飒飒的竹子声音,联想到民间百姓的疾苦声,很自然从竹子想到自己。虽然是个小小的州县官,哪怕民间的一枝一叶的小事情,也应时刻关心。名句中的"些小"和"总关情",成明显比照,那寓意就是说,那些大官们就更应该关心劳苦人民,这充分表达了郑燮关心百姓疾苦之情。在封建社会中有这样好的父母官,真是难能可贵的。现在这两句常被引用来说明我们的国家干部,要关心人民群众的利益。

161

萧萧梧叶送寒声,江上秋风动客情

【名句】

xiāo xiāo wú yè sòng hán shēng　jiāng shàng qiū fēng dòng kè qíng
萧　萧　梧　叶　送　寒　声①,江　上　秋　风　动　客　情②。

【出典】

南宋叶绍翁《夜书所见》。

【注释】

①萧萧:象声词,句中是形容秋风吹梧桐叶子飘落时发生的瑟瑟的声音。送:这里指声音乘着风传过来的意思。寒声:秋天的晚上,秋风传来的声音似乎也是寒冷的。

②客情:旅居在异乡客地的人的思乡之情。

【译文】

枯黄的梧桐叶在寒风中瑟瑟颤抖,那萧萧声在寒风中传来真让人心中添愁。江上的秋风一阵阵地猛吹,使旅居异乡的游子想起了该早点儿把家回。

【原作】

萧萧梧叶送寒声,江上秋风动客情。知有儿童挑促织,夜深篱落一灯明。

【作者小传】(见第31页)

宋朝诗人叶绍翁,有一次因事外出,住在旅舍里。当时正值秋夜,他听到梧桐的树叶在寒风中飘落时发出的瑟瑟声音。秋夜又黑又冷,这传来的声音似乎也送来了丝丝寒意。这时,江面上的秋风比陆地上更大,不仅吹倒了大地上所

有的东西,连游子的心也被吹动了,激起了阵阵思乡的心潮。

在这萧瑟的秋风声中,诗人叶绍翁还听到了窸窸窣窣的声音,凭他童年时的经历,知道有些贪玩的小孩在秋夜里不怕寒冷,还在夜以继日地捕捉蟋蟀玩闹。此刻,诗人夜不成眠,从床上爬起来抬头看看天上的星斗,走到院外篱笆边,看见一盏灯在忽高忽低、忽左忽右地晃动,这情景把他带到了童年生活欢乐的回忆中去了。

就这样,诗人叶绍翁身居异乡客地,为了表达他对童年、对童年生活的怀念之情,把那天秋夜里的所见所闻写了首《夜书所见》诗,"萧萧梧叶送寒声,江上秋风动客情",就是这首诗中的名句。

"萧萧梧叶送寒声,江上秋风动客情。"这两句写诗人在异乡客地的秋夜见闻。其中,"萧萧梧叶送寒声",句中用"萧萧"这个象声词,突出了夜深人静,一个游子在旅舍中孤寂难眠,所以这声音特别清晰,可以说是"此时有声胜无声"。同时也反映寒风之大。句中的"送"字,把梧叶和风都拟人化了,好像它们是故意把这"寒声""送"入夜不能寐的游子耳朵里的。由于夜深、风大,诗人的心情又不好,所以听到这声音似乎也让人感到丝丝寒意。而"江上秋风动客情"中的"秋风"一词,点明了诗中所写景物的季节。这句中的"动"字照应上句中的"送"字。由于"寒声""送",游子的思乡之情就"动"起来了。这两句是因果关系,"送寒声"是因,"动客情"是果。因为秋风梧叶送来了寒声,所以勾起了游子的思乡情怀。两句中的"梧叶"、"寒声"、"秋风",点明了秋夜的清冷,衬托了孤身旅居中诗人的凄凉心情。

已知泉路近,欲别故乡难

【名句】

yǐ zhī quán lù jìn　yù bié gù xiāng nán
已 知 泉 路 近①,欲 别 故 乡 难②。

【出典】

明夏完淳《别云间》。

【注释】

①泉路:黄泉路,指死亡。泉路近:快要死了。
②欲别:要告别。

【译文】

我知道离死期已近,便要告别故乡的山水、故乡的亲人是那样的艰难。

【原作】

三年羁旅客,今日又南冠。无限山河泪,谁言天地宽。已知泉路近,欲别故乡难。毅魄归来日,灵旗空际看。

【作者小传】

夏完淳(1631~1647),明诗人。原名复,乳名端哥,号存古、小隐、灵首。华亭(今上海松江)人。幼年师事张溥、陈子龙等,被目为"神童"。5岁通五经,9岁善

读故事·学古诗名句

诗词古文。明崇祯十七年(1644)与杜登春等"江左少年"上书缙绅四十家,乞举义师勤王。清顺治二年(1645)清军下松江。其父死节,从陈子龙起兵太湖,事败,入吴易军为参谋。吴易军败,屏处草野,仍图谋复明。唐王遥授为中书舍人,因谢恩表为清军所获而入狱。在南京狱中痛斥洪承畴,被害。其诗古体窥汉魏初唐堂奥,律诗高华沉郁,极具个性特征与时代特点。著有《南冠草》等集,另有纪明末史事的《续幸存录》,后人合编为《夏内史集》,今人另辑有《夏完淳集》。

　　明末清初,江南地区的抗清斗争此起彼伏。其中松江、太湖的义军尤为活跃。上海华亭(今上海松江)有个抗清志士夏允彝(yí)在家乡起兵,组织义军,积极操练军事。夏允彝有个儿子夏完淳,自幼聪明过人,5岁熟读"五经",7岁便能作诗。夏完淳15岁那年,正是父亲组织抗清斗争之时,他毫不犹豫地加入了义军队伍。夏完淳的老师陈子龙也是义军骨干,他在老师的影响下,更坚定了抗清斗志。

　　夏完淳在17岁时,已在外参加抗清斗争三年了。在这三年中,他经历了义军失败,清军对参加过抗清活动的人穷加追剿。夏完淳的父亲在战斗中牺牲了,他的老师陈子龙隐居山林,最后也遭到捕杀,其后又经历了湘鄂流离的种种艰辛。这一切,夏完淳都以坚强的意志挺了过来,不料现在新的灾难又降临到头上,他被捕了。明朝山河已被异族占领,从此以后,天地虽大,却再没有他的立身之地,这怎么不叫人无限伤心,泪流不止呢?这时,夏完淳明白,被俘后摆在他面前是两条路:一条是变节降清,像已经降清的洪承畴那样;一条是保持名节,像他的父亲和老师那样。选择前者意味着生,选择后者意味着死。他选择哪一条路呢?他毫不犹豫地选择了死。面对死亡,他毫不恐惧,而是以死殉国。然后想到与故乡永别,他却无法保持平静了。因为永别故乡,从此再也见不到故乡的秀丽山水,再也享受不到亲人的温暖情谊,想到这些,他又陷入了痛苦之中。为了举起抗清救国大旗,夏完淳还是决定永别故乡和亲人,因为他相信,等到他魂魄回到故乡的那一天,将会看到抗清义旗在空中高高地飘扬。

　　就这样,夏完淳在被解往南京前临别松江(古称"云间"),慷慨激昂地挥笔写了《别云间》诗,"已知泉路近,欲别故乡难"便是这首诗中的名句。

165

赏析

"已知泉路近,欲别故乡难。"这是诗人视死如归的精神,对故乡留恋情怀的淋漓尽致的抒写。句中的"泉路近",即"近泉路",言快要死了。杜甫《送郑十八虔贬台州司户》:"便与先生应永诀,九重泉路尽交期。"诗人明白:此一去,决不屈从,至死不变,因而死期已近。但是,他毕竟是人,在离开他生活的故土,离开他的亲人时,仅17岁的他不能不生起留恋之情。故乡的山水,故乡的亲人是那样牵动他的衷肠,使他情不自禁地回头望望这块熟悉的土地,倾诉自己"依依惜别的深情",一个"难"字,恰到好处地把他此刻复杂的内心,人的天性真切地表达、传递出来了。

英雄一入狱,天地亦悲秋

【名句】

yīng xióng yí rù yù　tiān dì yì bēi qiū
英　雄　一入狱①,天地亦悲秋②。

【出典】

清章炳麟《狱中赠邹容》。

【注释】

①英雄:这里指邹容。
②悲秋:古人认为秋天一到容易使人伤悲。

【译文】

英雄被捕入狱,天地也为之悲伤。

【原作】

邹容吾小弟,被发下瀛洲。快剪刀除辫,干牛肉作糇。英雄一入狱,天地亦悲秋。临命须掺手,乾坤只两头。

【作者小传】

章炳麟(1869~1936),近代思想家、学者、文学家。初名学乘,字枚叔,因景仰顾炎武,改名绛,号太炎,别署菿汉、绛叔、西狩、支那夫、陆沉居士等。浙江余杭人。甲午战争后,参加维新运动。戊戌政变后,避地台湾,次年至日本,结识孙中山,旋返上海。光绪二十八年(1902)再往日本,与蔡元培共组中国教育会,设立爱国学社,次年在《苏报》上发表排满革命言论,与邹容先后入狱。出狱后去日本,入同盟会,主编《民报》。辛亥革命后回国,任孙中山总统府枢密顾问。民国六年(1917),入护法军政府,任秘书长。晚年侨寓苏州,创章氏国学会。为近代朴学大师,并通佛学。其文学主张,主要见于《文学总略》、《辨诗》诸篇。其文学成就,在于政论与学术散文,作诗不多。诗文都诘屈古奥,然早期五律诗、晚年诗文,亦平淡高简。著作繁富,有《章氏丛书》、《续编》、《三编》。诗文刊入《丛书》之《太炎文录》、《太炎文录续编》中,今俱收入《章太炎全集》。

1903年春节期间,在日本的中国留学生会馆里,正举行新年团拜,有一千多人出席。只见一位年仅17岁的留学生率先跳上讲台,发表了富有鼓动性的演说。他,就是自称"革命军马前卒"的邹容。

不久,邹容回上海继续从事革命活动,结识了著名学者章太炎。他在完成《革命军》一书的写作后,把书稿送给章太炎,虚心地请他指教。章太炎仔细读了书稿,情不自禁地拍案叫好,欣然提笔为书稿作序。书出版后,在民众中引起了很大的轰动。清政府非常恐慌,买通帝国主义租界当局,先把章太炎拘捕。邹容闻讯,不愿让章太炎一个人承担责任,便自动投案。在狱中,章太炎钦佩地写了《狱中赠邹容》诗,"英雄一入狱,天地亦悲秋"便是这首诗中的名句。

"英雄一入狱,天地亦悲秋。"这两句赞扬邹容的革命激情,形象生动,语言悲壮,字里行间饱含着革命的友谊和正气充塞于天地间的浓烈情感。此外,这两句也恰切地说明了一个革命者无辜被投入监狱,天地也会为之悲愤。

167

遗民泪尽胡尘里,南望王师又一年

【名句】

yí mín lèi jìn hú chén lǐ　nán wàng wáng shī yòu yì nián
遗 民 泪 尽 胡 尘 里①,南 望 王 师 又 一 年②。

【出典】

南宋陆游《秋夜将晓出篱门迎凉有感》。

【注释】

①遗民:指金人占领区的人民。胡:古代对北方民族的称呼。胡尘:金人的骑兵所扬起的尘土。

②王师:朝廷的军队。

【译文】

遗民们在胡尘里哭干了眼泪,扬起头南望王师又过了一年。

【原作】

三万里河东入海,五千仞岳上摩天。遗民泪尽胡尘里,南望王师又一年。

【作者小传】(见第22页)

南宋爱国诗人陆游,晚年闲居在山阴(今浙江绍兴)乡下的时候,除了参加一些轻微的农事耕种和替人看病外,有空就在家里看书、写诗。

有一天早晨,天将破晓,迷迷蒙蒙的白雾笼罩着大地。这时候,陆游走出竹篱门,到田野里去散步。迎面吹来一股凉爽的微风,他不由自主地打了一个寒噤。秋风萧瑟,寒冬不久即将来到。他一想到寒冬,很自然地又联想到中原地区

的人民在女真贵族军队的残酷统治下,过着极其艰难痛苦的生活,他们一年又一年地盼望着南宋王朝的军队出师收复。可是,一年一度的秋风劲吹,一年又一年地感到失望。他们连眼泪都哭干了,却始终不见南宋朝廷出师的军队,陆游想到这些,感慨万千。他再也没有什么心思向前漫步,立刻转身返回自己的书房,打开笔砚,奋笔疾书写下了《秋夜将晓出篱门迎凉有感》诗,"遗民泪尽胡尘里,南望王师又一年"就是这首诗中的名句。

"遗民泪尽胡尘里,南望王师又一年。"这两句诗深刻地揭示了朝廷之腐败、国难之深重、北方人民在敌人铁蹄下生活之痛苦和对祖国统一早日实现的希望之迫切。"胡尘"二字,勾画出侵略者飞扬跋扈、残暴横蛮的形象;"泪尽"二字,则生动逼真地描绘出沦为亡国奴的中原人民是如何在敌人铁蹄下痛苦呻吟。尤其催人泪下、感人肺腑的是生活在水深火热之中的北方人民,一直没有绝望,依然年复一年地翘首南望,盼望南宋朝廷派出军队收复失地。一个"又"字,发人深思:年年盼望南宋出兵收复失地,可是年年都希望落空;年年都希望落空,可仍然年年都殷切地盼望。多少忧、多少怨、多少悲、多少愤,全在一个"又"字中表现了出来。

一腔热血勤珍重,洒去犹能化碧涛

【名句】

yì qiāng rè xiě qín zhēn zhòng　sǎ qù yóu néng huà bì tāo
一 腔 热 血 勤 珍 重①,洒 去 犹 能 化 碧 涛②。

【出典】

清秋瑾《对酒》。

【注释】

①勤:常常,多多。珍重:珍惜重视。

②化：化作。碧涛：碧血的波涛。

【译文】

革命者应该多珍重自己的一腔热血，它洒出去能够化成碧血的波涛般的冲击力量。

【原作】

不惜千金买宝刀，貂裘换酒也堪豪。一腔热血勤珍重，洒去犹能化碧涛。

【作者小传】

秋瑾(1875~1907)，近代女革命家、诗人。原名闺瑾，小字玉姑，字璿卿，号旦吾；留学日本时易名瑾，字竞雄，别署汉侠女儿、鉴湖女侠、姑秋氏。浙江山阴(今绍兴)人。为近代民主主义革命烈士、妇女解放运动先驱。清光绪二十九年(1903)春，随夫进京，结识吴芝瑛，阅读新书报，开始有革命思想；三十年，留学日本，入东京中国留学生会馆日语讲习所补习日语，并参加留学生爱国活动，创刊《白话》杂志；三十一年春归国省亲。由徐锡麟介绍入光复会，再东渡日本。同盟会成立，即由冯自由介绍入会。归国，应聘为湖州浔溪女学教员，与校长徐自华订交。又在沪创办《中国女报》，宣传反清革命。后任绍兴大通学校校长，联络反清志士，与徐锡麟谋武装起义，事败被捕遇害。其诗词文，慷慨激越，充满英雄主义与理想主义情调，一扫旧诗坛拟古习气，独树一帜。今人辑有《秋瑾集》。

秋瑾是中国近代史上第一个为革命而牺牲的女性。她天资聪明，自幼读书写诗，又富于尚武精神，爱好舞剑骑马。

当时是清朝末年，朝廷对外屈服于帝国主义，对内残酷压迫人民。在这种腐败的政治环境下，不少青年感到民族危机深重，纷纷寻找救国救民的道路，浙江绍兴的秋瑾也是热血青年中的一员。

秋瑾结交了许多革命党的朋友，不仅探讨救国理论，还在军事上做积极准备。当时中国的东北被帝国主义侵占，而朝廷毫无反抗的能力。她感到无比愤怒，与徐锡麟等革命党人密谋，购买武器，不惜千金买宝刀，进行推翻清朝、挽救中国的武装斗争。她不仅备好宝刀,而且行为奔放,把极珍贵的皮衣料去换酒喝,这种鉴湖女侠的气度、风采,诗人感到自豪。

1904年,秋瑾赴日本留学,后来加入孙中山、黄兴领导的同盟会、光复会,经常登台演讲,鼓吹革命。1907年春回绍兴,准备与徐锡麟在安徽、浙江同时起义。在起义前,她看到大好河山的壮美,想到锦绣大地被侵略者占领,不觉怒从心起,于是对酒赋诗。为此挥笔写了一首《对酒》歌。"一腔热血勤珍重,洒去犹能化碧涛"便是这首诗中的名句。

"一腔热血勤珍重,洒去犹能化碧涛。"这两句诗用一典故。《庄子·外物》上说:周朝有个忠臣叫苌弘,他在蜀地死了三年以后,被人藏起的血变成了碧色。后常以"碧血"与"丹心"连用,称颂为国死难的人,或用碧血来形容烈士所流的血。这两句意思是要将一腔沸腾的热血,飞洒出去变成滚滚波涛,冲溃一切恶势力。它显示了一个民主主义革命者为斗争不怕牺牲的决心,以及对革命胜利充满自信的豪情壮志。

一水护田将绿绕,两山排闼送青来

【名句】
yì shuǐ hù tián jiāng lǜ rào   liǎng shān pái tà sòng qīng lái
一 水 护 田 将 绿 绕①,两 山 排 闼 送 青 来②。

【出典】
北宋王安石《书湖阴先生壁》。

【注释】
①护田:环绕着农田。
②排闼:推门而入,争相前来。

【译文】

弯弯的河流环绕着葱绿的农田,正像母亲用双手护着孩子一样;门前的青山,也争向前来为庭院增色添彩,推开门献上自己的一片青翠。

【原作】

茅檐长扫静无苔,花木成畦手自栽。一水护田将绿绕,两山排闼送青来。

【作者小传】(见第6页)

宋朝政治家、文学家王安石晚年退居金陵(今江苏省南京市)后,生活安适清闲,自得其乐。有一天,他到邻居杨德逢家去聊天,信步来到他家,看到屋舍简朴,主人非常爱干净,人又非常勤快,庭院打扫得干干净净,使人有舒适的感觉。在庭院中,王安石看到令人赏心悦目的花木,各种各样的颜色,鲜艳夺目,非常好看。那些花木一畦一畦的,整整齐齐,万紫千红,都是主人亲手栽培的。

王安石看着这些花木,不断发出赞叹声。这时候,他抬头放眼看去,主人家门前是一条弯弯的河流,环绕着葱绿的农田,正像母亲用双手护着孩子一样;而门前的青山,似乎见到庭院这样美丽,主人这样爱美,也争相前来为主人的庭院增色添彩,顾不得敲门就高兴地推门而入,奉献上自己的一片青翠颜色。

王安石沉醉在这美好的田园景色之中,心情十分愉快,脸上露出笑容。主人杨德逢,别号湖阴先生,趁机请他写诗留念。于是,王安石胸有成竹地在杨德逢家的墙壁上,挥写了《书湖阴先生壁》诗,"一水护田将绿绕,两山排闼送青来"便是这首诗中的名句。

"一水护田将绿绕,两山排闼送青来。"这两句从大处落笔,写湖阴先生的居处环境。诗人巧妙地运用了对偶、拟人、借代的修辞方法,使得原本没有生命的景物被赋予了灵性,化静为动,使诗句柔婉可爱,生动活泼,意境也由此而出。句中的"一水"、"两山",赋予其生命、感情,展示了杨德逢先生的清净脱俗、朴实勤劳、人品高洁、富于生活情趣的形象,从而显示出杨家庭院的清幽。

一顾倾人城,再顾倾人国

【名句】
yí gù qīng rén chéng　zài gù qīng rén guó
一顾倾人城①,再顾倾人国②。

【出典】
西汉李延年《歌一首》。

【注释】
①顾:看。倾人城:使别人的城倾倒。
②再顾:再看。倾人国:使别人的国家倾倒。

【译文】
一个绝美的女子,一顾再顾可使别人的城市或国家倾覆掉。

【原作】
北方有佳人,绝世而独立。一顾倾人城,再顾倾人国。宁不知倾城与倾国,佳人难再得!

【作者小传】
李延年(?~约前90),西汉音乐家,中山(今河北定州)人。乐工出身,善于创造新声,家里人也都能歌善舞。起初,因为犯法受到腐刑,后来他的妹妹幸于武帝,号李夫人,并且生下了昌邑王,他也因此而得到重用,做了协律都尉。他的弟弟依仗权势,为非作歹,出入骄恣。当李夫人死后,汉武帝下令诛其兄弟家族,他也被杀了。他曾为《汉郊祀歌》十九章配乐,又仿张骞传自西域的《摩诃兜勒》曲,作"新声"二十八解,用于军中,称为"横吹曲"。

　　汉朝有个艺人李延年，能歌善舞，而且常常唱一些自己创作或改编的歌曲，令人耳目一新。因此，汉武帝很喜欢他，每次宫中设宴，总要把他召来表演。

　　这一天，皇宫里又是轻歌曼舞，丝竹声声。汉武帝一边开怀畅饮，一边观赏着宫女们翩翩的舞姿。过了一会儿，一个身材修长、相貌英俊的青年出场了，他就是李延年。皇帝微笑地看着他，今天李延年显得比往常更加神采奕奕，白净的脸上透着一层淡淡的红光。他又准备怎样露一手呢？

　　李延年向皇上请了安，就飘然起舞，引吭高歌，唱了《歌一首》诗。

　　"哦？"汉武帝放下酒杯，身子略向前倾，注意地听着。并且惊叹道："啊！世上难道真有这样的美人吗？"显然，汉武帝是被李延年的歌打动了。

　　"禀告皇上，这位绝代佳人就是我的亲妹妹。"李延年看出皇帝的意思，不失时机地说。其实，李延年就是为了引荐妹妹，才作这首歌的。

　　"快，快把她接到宫里来！"汉武帝急切地说。

　　这样，李延年的妹妹就被召进宫去。皇帝一看，果然是一个美丽绝伦的女子，并且同她哥哥一样能歌善舞，心中便非常喜欢，对她倍加宠爱。

　　这女子就是历史上著名的"李夫人"。她哥哥作的那首诗后来叫《歌一首》，"一顾倾人城，再顾倾人国"就是这首诗中的名句。

　　"一顾倾人城，再顾倾人国。"这两句用"一顾"、"再顾"、"倾城"、"倾国"的递进形式，极其夸张地把佳人美化到无以复加的地步，让人用"美艳"、"绝伦"等任何词来形容都不过分，手法实在高明。后来人们用"倾城"、"倾国"或"倾城倾国"形容绝美的女子，甚或作容貌绝美女子的代称。

一年好景君须记,最是橙黄橘绿时

【名句】

　　yì nián hǎo jǐng jūn xū jì　zuì shì chéng huáng jú lǜ shí
　　一 年 好 景 君 须 记①,最 是 橙 黄 橘 绿 时②。

【出典】

北宋苏轼《赠刘景文》。

【注释】

①好景:美好的景物。君:您,指刘景文。
②最是:正好,恰好是。橙黄橘绿时:橙子发黄、橘子青绿的时候,指秋末冬初季节。

【译文】

请您必须记住,一年中最美好的景色,是橙子金黄、橘子青绿的时节。

【原作】

荷尽已无擎雨盖,菊残犹有傲霜枝。一年好景君须记,最是橙黄橘绿时。

【作者小传】(见第 10 页)

　　有一年初冬,宋代大诗人苏轼(东坡)在花园中漫步游玩,看到大自然万物凋零,池塘中昔日亭亭玉立的荷叶尽落,失去了以前的擎雨盖;花圃中的菊花已残,空留枝干。然而,正是这不起眼的枝干,傲然挺立,不惧冬霜,不怕严寒,这种顽强不屈的精神给大自然带来了一息尚存的活力。为此,苏轼对菊花忍霜耐寒的精神发出了由衷的赞叹!他认为和明媚的春天比较起来,当然冬天显得

太萧瑟,太没生气了。然而,冬有冬的特色,冬有冬的魅力。此刻,他十分惊奇地发现花园中的那片片橙黄之色,块块橘绿之景,不也令人喜爱、使人流连吗?他甚至觉得,这种风姿,堪为一年中最好的景致。

就在这时候,苏轼联想到了韩愈的《早春》诗。他在这首诗的启发下,一反常日,穷其颂冬之事,挥笔写下了《赠刘景文》诗。"一年好景君须记,最是橙黄橘绿时",便是这诗中的名句。

"一年好景君须记,最是橙黄橘绿时。"这两句描写秋尽冬来的景色。句中的"君",是对对方的尊称,相当于现在的"您"。这诗是赠给刘景文的,这个"您"当然是指刘景文。但我们今天读这首名句时,应当理解得更广一些。这个"君",不仅是指刘景文,还包括所有的读者甚至作者自己也在内。那什么是最美好的景物呢?那就是"最是橙黄橘绿时"。橙子金黄,橘子青绿,这是点缀秋冬色彩中最为瑰宝之物了。我国古代爱国大诗人屈原,写有《橘颂》,他是通过赞美橘子来赞美人的高洁品质的。苏轼在这里赞美橙橘,意思是一样的,也是赞美一种坚贞高洁的品质,以抒发豪情。

欲把西湖比西子,淡妆浓抹总相宜

【名句】

yù bǎ xī hú bǐ xī zǐ　dàn zhuāng nóng mǒ zǒng xiāng yí
欲把西湖比西子①,淡　妆　浓抹总　相宜②。

【出典】

北宋苏轼《饮湖上初晴后雨》。

【注释】

①西子:指古代美女西施。
②淡妆浓抹:淡雅的装扮或者浓艳的装扮。相宜:合适。

176

【译文】
如果要把西湖比作美女西施,无论是淡雅的或浓艳的装扮总是合适的。

【原作】
水光潋滟晴方好,山色空濛雨亦奇。欲把西湖比西子,淡妆浓抹总相宜。

【作者小传】(见第 10 页)

　　苏轼因为反对当时朝廷的一些变革措施,处境很是艰难,他自动请求离开京城,到杭州去做地方官。弟弟子由(苏辙)和表哥文同对他一直放心不下,送行时再三劝他今后不要再管朝廷的事了,更不要由着性子写诗,如果被坏人抓住把柄向皇上诬告,那就没有治了。为此,文同还特意送他两句诗:"北客若来休问信,西湖虽好莫吟诗。"意思是要苏轼到了杭州,千万别写诗了。

　　苏轼一到杭州,被秀丽宜人的湖光山色吸引住了。为了排除内心的苦闷,他经常到西湖来游玩赏景。有一天,他和朋友在船上饮酒闲谈,看到浩瀚的湖面在明媚的阳光下,闪动着金灿灿的波光,不禁赞叹:"真美啊!"后来,天色渐渐转晴,下起濛濛细雨。这时,湖面空阔迷茫,山影淡远柔和,苏轼又为西湖的雨中奇景所倾倒。忽然,他觉得这西湖很像古代美女西施,不论她是浓艳的化妆还是淡抹的脂粉,都是那么得体而迷人。于是,他情不自禁地吟了《饮湖上初晴后雨》诗,"欲把西湖比西子,淡妆浓抹总相宜"便是这首诗中的千古名句。

　　"欲把西湖比西子,淡妆浓抹总相宜。"这是苏轼展开丰富的想象,凭绝妙的比喻,用神来之笔写出的千古传诵的名句。他把西湖和古代美女西施相提并论。在人们的想象中,西施的美是难以形容的,无论浓施粉黛,还是淡扫娥眉,对天生丽质的她都是适宜的。而西湖也是这样,无论是春夏秋冬、风霜雨雪,天然景色都是那样使人沉醉,使人心旌摇荡。西湖和西施除了有一个字相同外,

本来没有直接的联系,但经诗人这么一比,则使人产生无穷的想象,对西湖的天然之美有了更深的领悟。

余霞散成绮,澄江静如练

【名句】

yú xiá sǎn chéng qǐ　chéng jiāng jìng rú liàn
余 霞 散 成 绮①,澄 江 静 如 练②。

【出典】

南朝谢朓《晚登三山还望京邑》。

【注释】

①余霞:晚霞。绮:有花纹的丝织品。
②练:白绸子。

【译文】

仰视只见晚霞散开像一幅带花纹的锦缎,俯视只见澄清的江水如一道白练。

【原作】

灞涘望长安,河阳视京县。白日丽飞甍,参差皆可见。余霞散成绮,澄江静如练。喧鸟覆春洲,杂英满芳甸。去矣方滞淫,怀哉罢欢宴。佳期怅何许,泪下如流霰。有情知望乡,谁能鬒不变?

【作者小传】

谢朓(464~499),南朝齐诗人。字玄晖。陈郡阳夏(今河南太康)人。做过豫章王萧嶷太尉行参军,王俭卫军东阁祭酒、太子舍人、中书郎、宣城太守,世称"谢宣城"。后因告发王敬则谋反,迁尚书吏部郎。东昏侯时,江祏谋立始安王萧遥光,他不从,遭陷,下狱死。谢朓以诗著称。与当时沈约、王融、任昉、范云、萧琛、萧衍、陆倕同游于竟陵王萧子良门下,相与唱酬,时称"竟陵八友"。又与谢

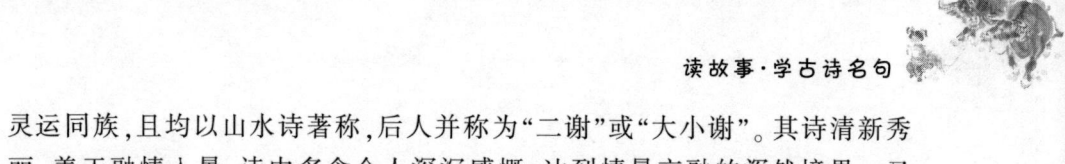

灵运同族,且均以山水诗著称,后人并称为"二谢"或"大小谢"。其诗清新秀丽,善于融情入景,诗中多含个人深沉感慨,达到情景交融的浑然境界。又始以声律入诗,注意音韵和谐,讲求对偶,部分作品已合声律,肇唐人五律之端,成为后世所称"新变体诗"(亦称"永明体")。其诗在当时即有较大影响。梁武帝曾云:"三日不读谢诗即觉口臭。"沈约则以为"二百年来无此诗"。后世李白、杜甫也对其推崇备至。亦工文,善草隶。原有集,已佚,后人辑有《谢宣城集》。

19岁的谢朓(tiǎo),长得英俊潇洒,诗写得清丽动人,很受文人雅士的赏识。史官王秀之慧眼识英才,向齐武帝推荐谢朓。武帝一见谢朓才貌出众,心中大喜,就封他做了管理文书的官,并让他陪太子读书。

可是好景不长,有人谋反篡位,杀了太子,谢朓受到牵连,被调离京都。暮春时节,谢朓依依不舍地告别友人,在黄昏时刻独自走出城门。郊外的旷野,起伏的群山,使他悲伤压抑的心情逐渐好转。他奋力登上一个山顶,只见橘红色的太阳挂在西边的山头上,回头望去,高高低低的宫殿城楼,在金色的落日余晖映照下,显得格外富丽堂皇。一会儿,天边绚丽的晚霞铺展开来,就像一幅五彩斑斓的织锦缎。山下,澄清的江水静静地安卧在田野上,犹如一匹柔滑光亮的白绢。"真美啊!"谢朓情不自禁地赞叹,他微微摇晃着身体,吟出了《晚登三山还望京邑》诗,"余霞散成绮,澄江静如练"便是这首诗中的名句。

"余霞散成绮,澄江静如练。"这两句写作者春晚登上三山所见的清新秀丽之景色。这两句中的"散"、"静"二字,用语精工;"成绮"、"如练",比喻恰切新颖,色彩明丽,细致地描绘出景物的真实面貌,逼真传神,给人以美的享受,博得后代传诵。唐代大诗人李白曾称赞道:"解道澄江静如练,令人长忆谢玄晖。"(《金陵城西楼月下吟》)宋代王安石也化用其句形容元朝旧都的河山壮丽:"千里澄江似练,翠峰如簇。"(《桂枝香·登临送目》)

179

咬定青山不放松,立根原在破岩中

【名句】

yǎo dìng qīng shān bú fàng sōng　lì gēn yuán zài pò yán zhōng
咬　定　青　山　不　放　松①,立根　原　在　破　岩　中②。

【出典】

清郑燮《竹石》。

【注释】

①咬定:拟人修辞句,形容竹子长得很牢固。
②破岩:石头的缝隙。

【译文】

把青山紧紧咬住丝毫也不放松,根深深扎在岩石的缝隙之中。

【原作】

咬定青山不放松,立根原在破岩中。千磨万击还坚劲,任尔东西南北风。

【作者小传】(见第113页)

郑燮在山东潍县当知县的乾隆十一、十二年间(1746~1747),山东大灾,潍县饿死了许多老百姓。当时,他用"以工代赈"的办法,招集灾民修筑城池,责成当地富家大户拿出粮食来,开设粥厂,轮流进行救荒。同时,他全部查封了投机商人囤积的粮食,限令他们平价卖给老百姓。

但是,灾荒越来越严重,甚至发生了人吃人的惨象。这时,郑燮决定动用官仓里的粮食来救济灾民。有人提醒他,开官仓救荒必须先向上级呈报请示,郑

燮回答道:"现在是什么时候?等到辗转申报再批示下来,老百姓早就一个不剩了!如果上级怪罪下来,责任由我来负。"

这样,救活了成千上万的灾民。

然而,由于郑燮做官一向爱护平民百姓,遭到了土豪劣绅的极大不满,他们便乘机诬告他借救灾贪污舞弊。他非常气愤,觉得那些小人的手段十分卑鄙无耻,认为自己廉洁奉公的节操是不怕任何造谣污蔑的。为此,他通过赞美岩石和竹子的坚定与顽强,为了表达自己刚劲有骨气的坚定情操,于是写了《竹石》诗,"咬定青山不放松,立根原在破岩中"便是这首诗中的名句。

"咬定青山不放松,立根原在破岩中。"这是画面描写:竹子一般不生长在石头上,而画面上的竹则生长在青山的岩石中。石上无土,何以扎根?原来这竹子并非一般地长在石头上,而是"咬",不光是"咬",还要"不放松"地"咬定"。一个"咬"字将竹子人格化,使人的思想感情附着于竹石上,揭示出了画面难以表现的东西。那么,竹子"不放松"地"咬定"到什么程度呢?"立根原在破岩中"一句形象地回答了这个问题:"咬"到石头里面去了,竹子的根已经牢牢地、深深地扎入石缝中。这两句名句,表现了诗人坚守高尚情操的情怀,暗喻诗人对自己的人生理想、人生宗旨坚定不移的态度。

窈窕淑女,君子好逑

【名句】

yǎo tiǎo shū nǚ jūn zǐ hào qiú
窈 窕 淑 女①,君 子 好 逑②。

【出典】

《诗经·国风·周南·关雎》。

【注释】

①窈窕:容貌美好的样子。淑女:好姑娘。淑:美。

②君子：指未婚的贵族男子。好逑：佳偶。逑：配偶。

【译文】
贤淑美丽的女子，她正是品德高尚的君子最愿意追求的理想对象。

【原作】
关关雎鸠，在河之洲。窈窕淑女，君子好逑。参差荇菜，左右流之。窈窕淑女，寤寐求之。求之不得，寤寐思服。悠哉悠哉，辗转反侧。参差荇菜，左右采之。窈窕淑女，琴瑟友之。参差荇菜，左右芼之。窈窕淑女，钟鼓乐之。

【作者小传】（见第70页）

  古代有一个追求善良美丽女子的君子，看到了笃于伉俪之情的雎鸠鸟，自然联想到那位风华正茂的采荇菜的姑娘。她是那么美丽，那么娴静，正是他所追求的对象。

  荇菜生于水中，飘忽不停，因而姑娘一会儿朝左，一会儿向右，顺着水流去采撷。姑娘是那么贤淑而又那么勤劳，君子朝思暮想，缠绵悱恻，梦绕魂牵，每时每刻都希望得到她的爱。但是，君子心里想着她而又不能见到她。只好辗转反侧，把这种思念藏在心中。

  后来，痴情的君子在想象中见到了那位美丽善良的姑娘。在参差不齐的荇菜中，姑娘顺着水流左右选取；姑娘弹琴而君子鼓瑟，姑娘敲钟而君子击鼓，这是多么亲密、欢娱的场面。

  《诗经》的作者根据君子由思念至极而辗转反侧失眠的痛苦，进而又转为幻想与姑娘结合后的幸福情景，写了情歌《关雎》诗，"窈窕淑女，君子好逑"便是这首诗中的名句。

  "窈窕淑女，君子好逑。"这是诗人借见到洲上一对雎鸠，而联想到淑女是

君子的佳偶。诗人借景生情,通过气氛烘托、心理描写、幻觉描述,具体而生动地抒发了强烈的相思之情。现在用这两句来说明美丽的姑娘是青年男子所追求的理想对象。刊于清初的被称为"十才子书"的第二才子书,即用"好逑"作书名,叫做《好逑传》。书中叙写了铁中玉和水冰心的曲折的婚恋故事。

愿得一心人,白头不相离

【名句】

yuàn dé yì xīn rén　bái tóu bù xiāng lí
　愿　得 一 心 人①,白　头 不 相　离②。

【出典】

西汉卓文君《白头吟》。

【注释】

①愿得:希望,只要。
②白头:到年纪大了。

【译文】

只要嫁得一个一心爱你的人,白头到老永不分离。

【原作】

皑如山上雪,皎若云间月,闻君有两意,故来相决绝。今日斗酒会,明旦沟水头。躞蹀御沟上,沟水东西流。凄凄复凄凄,嫁娶不须啼。愿得一心人,白头不相离。竹竿何袅袅,鱼尾何簁簁。男儿重意气,何用钱刀为?

【作者小传】

卓文君,西汉临邛人,富人卓王孙之女,善鼓琴。丧夫后家居,后与司马相如相恋,二人私奔逃至成都。由于家贫,只好返回临邛,开了家酒铺,文君当垆卖酒,相如则作打杂。后卓王孙碍于面子,接济二人,从此二人生活富足。而文君夜奔相如的故事,则流行民间,并为后世小说、戏曲所取材。杂剧剧本《私奔

相如》(全称《卓文君私奔相如》),明朱权作,叙司马相如往长安求仕途中,投宿卓王孙家,与卓家女文君双双私奔。后来司马相如因《子虚赋》得皇帝赏识,平步青云,二人终于衣锦还乡,夫贵妻荣。

卓文君跟着司马相如私奔到成都后,发现司马相如家徒四壁,无法生活下去。于是,两人又一起回到老家临邛。卓文君变卖了首饰,和司马相如一起开了一爿小酒店谋生。

卓文君的父亲卓王孙起先曾发誓一个钱也不给女儿,后来在亲友的劝说下,给了卓文君一大笔钱,才改变了他们的境遇,但卓王孙仍不跟女儿、女婿往来。

几年后,司马相如写的《子虚赋》得到了汉武帝的赏识,被召到京城当了大官。后来又奉命出使西南,从长安衣锦荣归,卓王孙才改变了态度。

后来,司马相如因病被免除了职务,和卓文君一起住在离长安不远的茂陵(今陕西兴平附近)。在茂陵,司马相如结识了一个年轻的绝色女子。起先,他一直背着卓文君和这个女子幽会,后来,他竟公开地表示要娶这个女子为妾。

卓文君对丈夫的所作所为十分痛心,但她秉性刚强,感到丈夫既然移情别恋,那么他们夫妻间的感情也已恩爱断绝。于是,她写了这首《白头吟》诗送给司马相如。"愿得一心人,白头不相离"便是这首诗中的名句。

"愿得一心人,白头不相离。"这两句写卓文君向司马相如说夫妻应爱慕欢悦,白头偕老,表达了旧社会妇女的不幸遭遇和心声。现在用来表达人们对纯洁和忠贞不渝的爱情的追求。另外,据说司马相如读了这首《白头吟》,很受感动,他想起卓文君当年不嫌他贫穷和他私奔,甚至当垆卖酒的情景,良心上受到谴责。于是,他打消了娶妾的念头,请求卓文君宽恕自己,和卓文君重新和好。

夜阑卧听风吹雨,铁马冰河入梦来

【名句】
yè lán wò tīng fēng chuī yǔ　tiě mǎ bīng hé rù mèng lái
夜 阑 卧 听 风 吹 雨①,铁 马 冰 河 入 梦 来②。

【出典】
南宋陆游《十一月四日风雨大作》。

【注释】
①夜阑:夜深,长夜将尽的时候。
②铁马:披着铁甲的战马。冰河:指北方冰冻的河流。

【译文】
深更半夜我躺在床上不能入睡,听着那狂风暴雨把万物摧残。我骑着铁马跨过冰河,战斗的场面时时向我梦中涌来。

【原作】
僵卧孤村不自哀,尚思为国戍轮台。夜阑卧听风吹雨,铁马冰河入梦来。

【作者小传】(见第22页)

公元1192年,陆游在家经常把自己编的《剑南诗稿》拿出来翻阅。每当他想起中原地区还没有收复时,读着自己过去写下的从军诗篇,激动的心情久久不能平静。在陕西南郑的军队生活,又一幕一幕地在他脑海里浮现:

一会儿想到在寒冷的深夜里,迎着凛冽的西北风和士兵们一起巡逻在崎岖不平的山路上;

一会儿又想到亲自带领士兵们上北山去刺虎的惊险情景;

一会儿又仿佛看到沦陷地的人民冒着生命危险,来投送军事情报的英勇行为……

这一切的一切,使陆游越想越激动,晚上常常不能入睡。

陆游那时将近70岁了,已是白发苍苍,但是,他仍然念念不忘收复中原失地,而对朝廷的屈辱求和、苟且偷安的投降派,表示了极大的愤慨。虽然自己年纪大了,但还是渴望着有从军的机会,能够为国家守卫西北边疆。这种想法常萦回在他的脑际,也经常做着出师北伐的美梦。

那年十一月四日,黑夜沉沉。陆游睡到半夜里,突然狂风四起,乌云翻滚,紧接着风雨大作。他被急风暴雨惊醒了。在孤村的深夜,陆游躺在床上,两耳听着如海涛咆哮的风雨声,就好像听到北伐时的战马在冰河上奔驰的响声。这引起了陆游内心的无限感慨,他并不是叹息自己闲居困苦生活的境地,而是想到自己如果还能为国家去守卫西北边疆,那该是多好啊!这时候,陆游听着、想着,不禁随口吟出了《十一月四日风雨大作》诗,"夜阑卧听风吹雨,铁马冰河入梦来",便是这首诗中的名句。

赏 析

"夜阑卧听风吹雨,铁马冰河入梦来。"这两句说明诗人尽管年老多病,即使"僵卧孤村",还是憧憬着"铁马冰河"的战斗生涯。诗人强烈的爱国情感,充分地反映出来了。同时,"入梦来"三字,又反映了当时现实的可悲。因为当时南宋统治集团都是些贪生怕死之辈,他们根本不想收复失地,奋发图强。所以诗人"铁马冰河"的战斗生活,也只有在梦中实现了。所以"入梦来"三字,也是对偷生苟安的投降派的有力讽刺。

遥知不是雪,为有暗香来

【名句】

yáo zhī bú shì xuě　wèi yǒu àn xiāng lái
遥 知 不 是 雪①,为 有 暗 香 来②。

【出典】

北宋王安石《梅花》。

【注释】

①遥知:远远地一看就知道。遥,远。
②为:因为。暗香:不明显的幽雅的香气。暗,不明显。

【译文】

远远一看便知那不是雪花,因为有淡雅的清香飘过来。

【原作】

墙角数枝梅,凌寒独自开。遥知不是雪,为有暗香来。

【作者小传】(见第6页)

公元1070年,北宋著名政治家王安石怀着革新政治的雄心壮志,登上了宰相的高位。他力主推行新法,改革弊政,以挽救北宋日渐衰落的局面。

这年冬天,他在宰相府的花园里,看到各种花草都枯萎了,树木也只剩下光秃秃的枝丫,然而墙角里几枝素雅的梅花不仅活着,而且还在绽开着美丽的花朵。远远望去也不知是飞雪,阵阵幽香飘散到周围的农家。

这时候,王安石触景生情,想到自己因推行革新政策而受到反对派的种种打击,心中感到十分愤怒。他又想到保守势力虽然还很强大,却像严寒的冬天一样,也决不会向保守势力屈服。为此,他想以眼前的梅花来寄托自己的志向,表明自己刚毅不屈的气节、洁白可歌的人格和无愧于后人的情怀,于是挥笔写了《梅花》诗,"遥知不是雪,为有暗香来"就是这首诗中的名句。

"遥知不是雪,为有暗香来。"这两句写梅花清香远播的品质,表现了诗人

读故事·学古诗名句

对梅花的喜爱和赞美;同时又借梅喻人,歌颂了一种"不受尘埃半点侵,竹篱茅舍自甘心"的高洁人格。句中"遥知不是雪":这是说梅花在寒冷季节中开的,所以梅花开时,往往有飞雪冰霜。有时,梅花的白色和雪花的白色融为一体,让人难以辨认。但诗人在诗中却说:远远一望就知道那雪白的不是雪花而是梅花。那是什么原因呢?后面一句:"为有暗香来。"因为诗人站在远处已闻到了梅花淡淡的幽雅的芳香。读后让人知道,梅花跟雪花一样洁白、高雅,但梅花比雪花更美,因为她除了高洁的花瓣以外,还有诱人的"暗香"。由此可见,诗人对梅花的喜爱之情是十分深厚的。

只解沙场为国死,何须马革裹尸还

【名句】
zhǐ jiě shā chǎng wèi guó sǐ　hé xū mǎ gé guǒ shī huán
只解沙　场　为国死①,何须马革裹尸　还②。

【出典】
清徐锡麟《出塞》。

【注释】
①解:了解。沙场:平沙旷野。后来多指战场。
②马革裹尸:指战死以后,战场上没有棺木盛殓,用马皮把尸体包裹起来。形容英勇作战,死在战场上。

【译文】
爱国志士只知道在战场上杀敌报国,根本不去考虑身后之事,即使为国战死,也不必用马革裹尸还归家乡。

【原作】
军歌应唱大刀环,誓灭胡奴出玉关。只解沙场为国死,何须马革裹尸还。

【作者小传】
徐锡麟(1873~1907),字伯荪,别号光汉子,浙江绍兴山阴东浦人。父凤鸣,

字梅生。锡麟自幼好学，勇于探索，喜研数学、天文。尝夜观天文，绘制天象图，手著浑天球，点缀列星于其上，并留心地舆，勘察绘制绍兴府地形图。光绪十九年(1893)考取山阴县学附生(秀才)；二十七年受聘绍兴府学堂，任经学兼算学教习。两年后升任副监督，在府学堂执教四年，先后任经学兼算学、测绘、体操等课。光绪二十九年游历日本，在大阪参加国际博览会期间，积极参加浙江留日学生营救因宣传反清思想入狱之章太炎先生，并结识陶成章等许多反清革命志士；三十年经蔡元培、陶成章介绍在上海加入光复会；三十三年调任巡警处会办兼巡警学堂监督，7月6日，刺杀安徽巡抚恩铭未果被捕，次日凌晨就义于安徽抚署东门外。时年35岁。

清朝末年，朝廷对外屈服于帝国主义，对内残酷压迫人民。在这种腐败的政治环境之中，不少青年感到民族危机深重，纷纷寻找救国道路，浙江绍兴的徐锡麟也是热血青年中的一员。

徐锡麟结交了许多革命党的朋友，不仅探讨救国理论，还从军事上做积极的准备。当时中国的东北被帝俄侵占，而朝廷毫无反抗能力。他无比愤怒，在家中画了俄国侵略者的像作为靶子，用短枪射击。他的父亲见了这情形吓坏了，把他赶出家门。

徐锡麟同革命党人密谋，购买武器，自己想进军事学校学习，但因眼睛近视而不能入学，但他自己仍刻苦学习。

1903年，徐锡麟去日本，在日本结交了许多满怀革命理想的爱国青年。1906年回国，他游历了北京和东北几省，当他出山海关赴东北时，看到祖国大好河山的壮美，想到锦绣大地被侵略者霸占，不觉怒从心起，借怀念古人来抒发自己为国效死的壮志，他吟了《出塞》诗，"只解沙场为国死，何须马革裹尸还"便是这首诗中的名句。

"只解沙场为国死，何须马革裹尸还。"这两句以慷慨激越的语调，排山倒海的气势，通过"只解"、"何须"等词语的运用，充分表现了出征战士高昂的战

斗情绪,凯旋的信心,誓灭敌人的决心,以及视死如归的崇高精神。这是作者为国献身而义无反顾的大无畏精神的生动体现,它表现了革命战士为国捐躯而在所不辞的高尚革命情怀。

丈夫志四海,万里犹比邻

【名句】
　　zhàng fū zhì sì hǎi　wàn lǐ yóu bǐ lín
　　丈　夫 志 四 海①,万 里 犹 比 邻②。

【出典】
三国魏曹植《赠白马王彪》。

【注释】
①丈夫:大丈夫,男子汉。志四海:志在四方。
②犹:好像。比邻:近邻。

【译文】
大丈夫志在四方,万里好像近邻。

【原作】
　　序曰:黄初四年五月,白马王、任城王与余俱朝京师,会节气。到洛阳,任城王薨。至七月与白马王还国。后有司以二王归藩,道路宜异宿止。意毒恨之。盖以大别在数日,是用自剖,与王辞焉。愤而成篇。
　　谒帝承明庐,逝将归旧疆。清晨发皇邑,日夕过首阳。伊洛广且深,欲济川无梁。泛舟越洪涛,怨彼东路长。顾瞻恋城阙,引领情内伤。
　　太谷何寥廓,山树郁苍苍。霖雨泥我涂,流潦浩纵横。中逵绝无轨,改辙登高冈。修坂造云日,我马玄以黄。
　　玄黄犹能进,我思郁以纡。郁纡将何念?亲爱在离居。本图相与偕,中更不克俱。鸱枭鸣衡轭,豺狼当路衢。苍蝇间白黑,谗巧反亲疏。欲还绝无蹊,揽辔止踟蹰。

踟蹰亦何留？相思无终极。秋风发微凉，寒蝉鸣我侧。原野何萧条，白日忽西匿。归鸟赴乔林，翩翩厉羽翼。孤兽走索群，衔草不遑食。感物伤我怀，抚心长太息。

太息将何为？天命与我违。奈何念同生，一往形不归。孤魂翔故域，灵柩寄京师。存者忽复过，亡没身自衰。人生处一世，去若朝露晞。年在桑榆间，影响不能追。自顾非金石，咄唶令心悲。

心悲动我神，弃置莫复陈。丈夫志四海，万里犹比邻。恩爱苟不亏，在远分日亲。何必同衾帱，然后展殷勤。忧思成疾疢，无乃儿女仁。仓卒骨肉情，能不怀苦辛？

苦辛何虑思？天命信可疑。虚无求列仙，松子久吾欺。变故在斯须，百年谁能持？离别永无会，执手将何时？王其爱玉体，俱享黄发期。收泪即长路，援笔从此辞。

【作者小传】（见第13页）

三国时的魏王曹操有二十五个儿子。正妻卞王后所生四子是曹丕、曹彰、曹植、曹熊。

当时，曹操还没有确定立谁为太子，曹丕和曹植正是两位最有希望的竞争对手。弟兄俩为了争立，都尽力要讨曹操的欢喜。曹植处处表现自己的聪明才智，而曹丕则尽量显示忠厚仁爱。长此以往，曹操就觉得，曹植才高敏捷，却不如曹丕天性仁厚，最后决定立曹丕为太子。

到曹操死后，曹丕由魏王而成了魏文帝。他对所有的兄弟都有些顾忌，特别是对曹植更不放心。他虽然封兄弟们为王，让他们掌管一处封地，却又派心腹为"监国使者"，代表朝廷去监督他们。

有一年，曹植、曹彰和另一位年龄相近的异母兄弟曹彪，都奉太后之命来京城聚会，弟兄们阔别已久，见了面都想像幼年时那样无拘无束，享受天伦之乐，曹彪还提出，希望能住在相邻近的地方，以便朝夕相见。皇帝曹丕怕兄弟们聚在一起会秘密联合起来反对自己，偏把他们的住所远远地隔开，还严格限制他们的行动。

曹彰见了太后，曾要求让弟兄们在京城住上一年半载，不要让他们远离母

后,浪迹四方。曹丕知道后,却又故意决定在最短时间内要他们各自分别离京回国。曹彰身体不好性子又烈,竟因此愤恨发病,死在京城。

　　曹彰殡葬不久,曹植、曹彪也奉命回国。出京后,兄弟俩想结伴同行一程,这也遭到监国使者的反对,只好分别各按规定路线走,曹植气愤难平,作诗一首,题为《赠白马王彪》,"丈夫志四海,万里犹比邻"就是这首诗中的名句。

　　"丈夫志四海,万里犹比邻。"这是曹植安慰曹彪不要因兄弟离别而悲哀的话。大丈夫志在四方,把万里之隔看成像相近的邻居,骨肉分离是可悲的,但还要善自珍重。现在这两句诗常作为送别远去的朋友的宽慰语。唐代诗人王勃写的名句"海内存知己,天涯若比邻",就是摹仿这两句写成的。

昼出耘田夜绩麻,村庄儿女各当家

【名句】

zhòu chū yún tián yè jī má　cūn zhuāng ér nǚ gè dāng jiā
　昼　出　耘　田　夜　绩　麻①,村　　庄　儿 女 各 当 家②。

【出典】

南宋范成大《四时田园杂兴》。

【注释】

①昼:白天。耘田:除去稻田中的杂草。绩麻:把麻纤维披开接续起来搓成线。
②村庄儿女:村里的男男女女。各当家:各管一行,各自都承担一定的家务或生产劳动。

【译文】

白天稻田忙除草,夜间又要忙绩麻。农村男女都辛苦,各有活儿各管家。

193

【原作】

昼出耘田夜绩麻,村庄儿女各当家。童孙未解供耕织,也傍桑阴学种瓜。

【作者小传】

范成大(1126~1193),南宋诗人。字致能,号石湖居士,谥文穆。苏州吴县(今属江苏)人。历任徽州司户参军,礼部员外郎兼崇政殿说书,国史院编修,擢起居舍人,兼侍讲,又兼实录院检讨,广西安抚使,礼部尚书。与陆游、尤袤、杨万里同为"中兴四大家"。存诗1900余首。诗中忧国恤民,多有佳作。

他写诗,初从江西诗派入手,后摆脱其束缚和影响,广泛地向唐宋名家学习,终于自成一家。他的诗题材广泛,以反映农村社会生活内容的作品成就最高。他的田园诗概括地描写了农村的广阔生活和农民的疾苦,既有深刻的社会内容,又同时表现了恬静闲适的田园生活,是中国古代田园诗的集大成者。他的爱国诗以使金途中所作绝句一卷最有价值。

最能体现其诗歌特色的,是其晚年所作的《四时田园杂兴》六十首。这组诗比较全面而深刻地描写了农村四时的风光景物、风俗习惯,反映了农民的辛勤劳动和困苦生活。其诗风格纤巧婉丽,温润精雅,富有民歌风味。他的文赋在当时也享有盛名。词作情长意深,与秦观相近,后期作品则近于苏轼。范成大的作品在南宋末年即产生了显著的影响,到清初影响更大,当时流传着"家剑南而户石湖"的说法。有《石湖居士诗集》、《石湖词》等传世。

宋朝诗人范成大,57岁时退居家乡石湖后,自号石湖居士,关心农民生活的疾苦,生活在农民中间,和他们交知心朋友。

有一年夏忙季节,范成大到农家去做客,看到村上的男男女女,一天到晚忙个不停,投入到各负其责的劳动中。人们白天下田除草,晚上回家后还要在油灯下搓麻线织布,真是昼夜辛苦不已。

农村中的大人是这样辛苦,而他们的子女从小受劳动的熏陶,孩童们虽然不会耕田织布,但也在桑树下面学着大人种瓜。

诗人范成大在农家看到了这幅男耕女织、昼夜忙碌的田园生活图画,十分高兴,于是提笔写了包含浓郁生活气息的《四时田园杂兴》诗,"昼出耘田夜绩麻,村庄儿女各当家",便是这首诗中的名句。

赏析

"昼出耘田夜绩麻,村庄儿女各当家。"这两句可以说是道出人人心中所有、人人笔下所无。诗人用欣赏和赞叹的笔墨,表现出农村男女热爱劳动、辛勤耕作的品行,描绘出农村自给自足的安乐生活。其中,"昼出耘田夜绩麻"句中的"昼"、"夜"两字,从时间上把农民们日夜忙碌的景象高度概括了。而"村庄儿女各当家",句中的"儿女"二字,是从性别上高度概括了农夫、农妇们的忙碌景象,没有一个闲人。

总之,诗人用清新、质朴的笔调,对农村初夏农忙时的辛勤劳动,作了生动的描写,读来意趣横生。

竹外桃花三两枝,春江水暖鸭先知

【名句】

zhú wài táo huā sān liǎng zhī　chūn jiāng shuǐ nuǎn yā xiān zhī
竹 外 桃 花 三 两 枝①,春 江 水 暖 鸭 先 知②。

【出典】

北宋苏轼《惠崇〈春江晚景〉》。

【注释】

①三两枝:是约数,表明不多的几枝。
②鸭先知:是一种物候现象。鸭子戏水,说明春江回暖,给人们传来春天的信息。

【译文】

竹林外的三两枝桃花绽开,春天到江水暖游的鸭子先知道。

【原作】

竹外桃花三两枝,春江水暖鸭先知。蒌蒿满地芦芽短,正是河豚欲上时。

【作者小传】(见第10页)

宋代大诗人苏轼具有深厚的艺术修养,他一生写了许多"题画诗",描绘了众多画家和他们的作品。这里介绍北宋时著名画家惠崇和尚与苏轼交往的故事。

苏轼曾经在浙江杭州当过太守。那时,西湖旁有一个很美丽的地方,那儿有一座小小的寺庙,惠崇和尚就住在那里。一天,苏轼散步来到这个寺庙里,和惠崇和尚谈诗论画。在谈论时,苏轼说:"大僧最近有什么佳作?"惠崇就拿出《春江晚景》这幅画给他看。苏轼高兴地欣赏这幅画面:一片翠竹林外有几枝鲜红的桃花在开放,鸭子在春水中嬉戏。江水边是满地的蒌蒿,芦苇芽刚刚透出地面,水中的河豚正在跃跃欲试,快要露出水面。苏轼看后赞不绝口地说:"这岂不是画中有诗吗?"这时,惠崇和尚顺水推舟地说:"太守能不能为这幅画配首诗作为留念?"苏轼也毫不客气地回答:"请拿笔、砚、纸来!"于是,他铺纸挥毫,写下了《惠崇〈春江晚景〉》诗,"竹外桃花三两枝,春江水暖鸭先知"便是这诗中的名句。

"竹外桃花三两枝,春江水暖鸭先知。"这两句是题画诗,是苏轼在惠崇的一幅春江鸭戏图上写的。一首好的题画诗,既要再现画面的形象,让人如见其画,又要跳出画面,让人画外见意。苏轼这两句诗,即是如此。它不仅点明了画面,而且还表现了画笔所不能到的意境。地面上的翠竹桃花,春水中的戏鸭,是画中景物,给人带来早春的气息。红花和青枝绿叶互相映衬,耀人眼目。而水之"暖",鸭之"知",却是诗人的感觉和想象,想象出鸭子在水中的感觉,对春天到来的敏感,进一层显示出盎然春意。如果说首句表现了画面景物的静态美,那么次句则展示了景物的动态美。